A experiência indizível

FUNDAÇÃO EDITORA DA UNESP

Presidente do Conselho Curador
Mário Sérgio Vasconcelos

Diretor-Presidente
José Castilho Marques Neto

Editor-Executivo
Jézio Hernani Bomfim Gutierre

Assessor Editorial
João Luís Ceccantini

Conselho Editorial Acadêmico
Alberto Tsuyoshi Ikeda
Áureo Busetto
Célia Aparecida Ferreira Tolentino
Eda Maria Góes
Elisabete Maniglia
Elisabeth Criscuolo Urbinati
Ildeberto Muniz de Almeida
Maria de Lourdes Ortiz Gandini Baldan
Nilson Ghirardello
Vicente Pleitez

Editores-Assistentes
Anderson Nobara
Fabiana Mioto
Jorge Pereira Filho

Sílvia Faustino

A experiência indizível

Uma introdução ao *Tractatus* de Wittgenstein

© 2006 Editora UNESP

Direitos de publicação reservados à:
Fundação Editora da UNESP (FEU)
Praça da Sé, 108 – 01001-900 – São Paulo – SP
Tel.: (0xx11) 3242-7171
Fax: (0xx11) 3242-7172
www.editoraunesp.com.br
www.livrariaunesp.com.br
feu@editora.unesp.br

CIP – Brasil, Catalogação na fonte
Sindicato Nacional dos Editores de Livros, RJ

F271e

Faustino, Sílvia
  A experiência indizível: uma introdução ao Tractatus de Wittgenstein / Sílvia Faustino. – São Paulo: Editora UNESP, 2006.

  Inclui bibliografia
  ISBN 85-7139-721-X

  1. Wittgenstein, Ludwig, 1889-1951. 2. Linguagens e línguas – Filosofia. 3. Lógica simbólica e matemática. 4. Semântica (Filosofia). 5. Filosofia alemã. I. Título.

06.4125
CDD 149.94
CDU 141.7:81

Editora afiliada:

Asociación de Editoriales Universitarias
de América Latina y el Caribe

Associação Brasileira de
Editoras Universitárias

Para
Mariana *e* Alice *e* Raquel

Sumário

Apresentação 9

Capítulo 1
A aplicação da lógica e a tarefa da filosofia 13

Capítulo 2
O pré-figurativo e a figuração 51

Capítulo 3
Sujeito metafísico e realidade empírica 85

Capítulo 4
O campo minado da teoria do conhecimento 131

Conclusão 205

Bibliografia 213

Apresentação

Uma das características mais peculiares do *Tractatus logico--philosophicus* (1921) está em o estreito vínculo que a obra estabelece entre lógica e filosofia não passar por nenhuma teoria do conhecimento. O posicionamento teórico deliberado de Wittgenstein é o de suprimir de sua primeira obra qualquer aprofundamento sobre questões de ordem epistemológica. Ao buscar a razão dessa notável ausência, encontra-se uma justificativa inicial na definição que o primeiro Wittgenstein oferece à teoria do conhecimento: a seus olhos, ela não passa de uma "filosofia da psicologia" (*T* 4.1121). O aspecto mais notável de tão inusitada concepção – e talvez o mais importante do ponto de vista histórico – está em que, entendida dessa maneira, a teoria do conhecimento é destacada do campo restrito da filosofia, o que fica muito claro em um fragmento das "Notes on Logic" (1913), nas quais a filosofia e a epistemologia são simultaneamente definidas:

> A filosofia não pode confirmar nem refutar uma investigação científica.

A filosofia consiste em lógica e metafísica: a lógica é sua base. A teoria do conhecimento é a filosofia da psicologia.[1]

Nessa espécie de topografia das matérias esboçada pelo jovem Wittgenstein, novamente se vê que é do núcleo duro da própria filosofia que a teoria do conhecimento se desvincula. Por não desempenhar nenhum papel no elo que o primeiro sistema pretende estabelecer entre a lógica e a metafísica e por confinar-se ao irrelevante campo dos processos mentais, a teoria do conhecimento apresenta-se como um subproduto, mas nunca como parte da verdadeira filosofia.

No entanto, de *qual* teoria do conhecimento se fala? Será que, com a expressão "filosofia da psicologia", Wittgenstein estaria designando um modelo de teoria do conhecimento que ele aprovava? Se a filosofia compõe-se de lógica e metafísica, que modelo de teoria do conhecimento seria compatível com o *Tractatus*? Com o presente livro, tento encontrar as respostas para essas questões, partindo de duas convicções:

1) Penso que a ausência de uma teoria do conhecimento no *Tractatus* está mal investigada pela literatura crítica, e creio que isso se deva a uma aquiescência passiva à definição que o autor oferece de teoria do conhecimento. Não considero, no entanto, que tal definição, por si, *explique* a referida ausência, posto que acredito ser ela endereçada, em um misto de ironia e crítica, às iniciativas de Russell nesse domínio.

2) Considero que a crítica de Wittgenstein às pretensões teóricas da metafísica não o impede de "cometê-la", bem como que a filosofia de Schopenhauer está na raiz da metafísica que Wittgenstein lapida à luz da "nova" lógica. Por esse motivo, creio que as razões da

---

[1] WITTGENSTEIN, L. "Notes on Logic" (1913), p.106. In: Ibidem. *Notebooks 1914-1916*. 2. ed. G. H. von Wright and G. E. M. Anscombe (Eds.). Oxford: Basil Blackwell, 1979.

ausência de uma teoria do conhecimento no *Tractatus* podem ser encontradas justamente no vínculo entre a lógica e a metafísica.

No primeiro capítulo, "A aplicação da lógica e a tarefa da filosofia", expõe-se o problema que é a pedra de toque de toda a pesquisa: a separação, no *Tractatus*, entre a lógica e sua aplicação. Pelo aprofundamento das razões que levam Wittgenstein a operar tal cisão, tento mostrar que é no domínio da aplicação da lógica que os problemas epistemológicos do sistema do *Tractatus* podem ser elaborados.

No segundo capítulo, "O pré-figurativo e a figuração", defendo a ideia de que, em lugar de uma reflexão sobre os fundamentos epistemológicos da linguagem, Wittgenstein apresenta o conceito de "substância do mundo". Tomando esse conceito como o cerne da metafísica que se vincularia ao domínio da aplicação da lógica no *Tractatus*, procuro identificá-lo como o pré-figurativo da figuração. Para isso, tento mostrar que é na obra capital de Schopenhauer, *O mundo como vontade e representação* (1819), lida por Wittgenstein em sua juventude, que se encontra formulada, pela primeira vez, a distinção entre o "como" (*Wie*) e o "quê" (*Was*) do mundo, que, por seu lado, constitui a base da discriminação – crucial no *Tractatus* – entre o "dizer" e o "mostrar".

O terceiro capítulo, "Sujeito metafísico e realidade empírica", busca elucidar que espécie de vínculo pode ser estabelecido entre o solipsismo transcendental do *Tractatus* e o idealismo transcendental de Schopenhauer e de Kant. Limitando-me a uma visão geral dessa ampla questão, tento apontar algumas semelhanças e contrastes presentes nas concepções desses filósofos de *subjetividade transcendental* e de *realidade empírica*.

No quarto capítulo, "O campo minado da teoria do conhecimento", que tem como fundamento as concepções filosóficas de Wittgenstein apresentadas ao longo do livro, procuro mostrar que uma teoria do conhecimento compatível com o *Tractatus* não poderia subscrever os pressupostos da teoria do conhecimento de Russell nem certos fundamentos centrais da teoria do conhecimento de Kant. Tento, além disso, argumentar que, se esses contrastes estão corretos, o *Tractatus* mostra o fim – o termo – de um modelo clássico de teoria do conhecimento, assim como que uma das maiores dificuldades e contribuições da obra consiste em lançar, para o cenário geral do pensamento contemporâneo, uma nova tarefa para a filosofia.

* * *

Este livro nasceu de minha tese de doutorado apresentada ao Departamento de Filosofia da Universidade de São Paulo, em 2003.

Devo ao prof. dr. Luiz Henrique Lopes dos Santos, minha especial gratidão pela orientação, pelas aulas e pelos textos, cujas clareza e perspicácia guiaram-me neste percurso.

As modificações que separam a tese do livro – poucas, mas cruciais – devo às perguntas e sugestões que me foram lançados pelos profs. drs. Edgar da Rocha Marques, Arley Ramos Moreno, Maria Lúcia Mello de Oliveira Cacciola e Bento Prado de Almeida Ferraz Júnior, na ocasião da defesa da tese. Agradeço a cada um em particular pela atenção e receptividade a meu trabalho.

Meus agradecimentos à Fundação de Amparo à Pesquisa do Estado de São Paulo (Fapesp), que tornou viável esta publicação, bem como à Editora UNESP.

APRESENTAÇÃO

1

A aplicação da lógica e a tarefa da filosofia

> Quanto mais de perto consideramos a linguagem de fato, tanto maior se torna o conflito entre ela e as nossas exigências. (A pureza cristalina da lógica não se *entregou* a mim, mas foi uma exigência.)
>
> Wittgenstein, *Investigações filosóficas*, § 107

Herdeiro de uma tradição que concebe a lógica como a atividade de descrição das formas lógicas das proposições e de suas relações formais, Ludwig Wittgenstein (1889-1951) inova a antiga concepção quando assume, no *Tractatus logico-philosophicus* (1921), o desafio de estabelecer, em um só golpe, o que *todas* as proposições, por sua natureza, têm em comum: sua forma lógica geral. Insiste em que "na descrição da forma proposicional mais geral, *apenas* o que lhe seja essencial pode ser descrito – caso contrário, ela não seria, é claro, a mais geral" (*T* 4.5). O ideal de generalidade e de simplicidade máximas torna-se imperativo da investigação lógica a que Wittgenstein se propõe e afasta-o da preocupação tradicional com um inventário de todas as formas lógicas possíveis e, mesmo, com a instituição de hierarquias entre elas. Na visão do *Tractatus*, à lógica cabe estabelecer apenas o que é *essencial* ao simbolismo. Sua tarefa consiste, pois, em mostrar *a priori* a forma proposicional geral, a *essência* da proposição (*T* 5.471).

A concepção da linguagem como representação do mundo confere uma perspectiva peculiar ao *Tractatus*: tudo o que é dito sobre a *essência do simbolismo* encontra ressonância perfeita naquilo que é dito sobre a *essência do mundo*. Assim, a concepção de que a linguagem se constitui de proposições que representam fatos possíveis reflete a de que o mundo se constitui de fatos; a concepção de que as proposições, em sua forma geral, constituem-se de proposições elementares, que asserem a existência de estados de coisas, reflete a de que os fatos se constituem de estados de coisas elementares; e a concepção de que as proposições elementares se constituem de nomes em concatenação imediata reflete a de que os estados de coisas se constituem de uma ligação imediata de objetos. Essa perspectiva da correlação essencial entre *mundo* e *linguagem* justifica a vinculação necessária das doutrinas especificamente lógicas do *Tractatus* às doutrinas metafísicas sobre a estrutura do mundo, o que Wittgenstein apresenta logo no início da obra, e fundamenta sua ontologia. É assim que a indicação da forma geral da *proposição* corresponde à indicação da forma geral do *mundo*.

Encontram-se, no *Tractatus*, dois modos distintos de apresentar a forma geral da proposição. Em um primeiro momento, Wittgenstein diz: "A forma proposicional geral é: as coisas estão assim" (*T* 4.5). Em um segundo, identifica a forma geral da proposição à "forma geral da função de verdade", de acordo com a qual toda proposição se define como uma função de verdade de proposições elementares (*T* 6).[1]

---

[1] A notação especial que acompanha esse segundo modo de apresentação mostra que toda proposição resulta de uma única operação lógica de negação

Embora enfatizem aspectos distintos, esses dois modos de apresentação da forma geral combinam-se perfeitamente para mostrar que toda proposição com sentido é bipolar, essencialmente complexa e uma figuração da realidade. As proposições elementares resultam da concatenação imediata de nomes simples, enquanto as moleculares resultam de operações de verdade sobre as proposições elementares. O que a lógica estabelece deve propiciar a caracterização, de maneira absolutamente geral, da forma lógica de toda e qualquer proposição. O que foi chamado de "segundo" modo de apresentação da forma geral da proposição apenas especifica, em relação ao "primeiro", que as proposições não elementares são construídas por meio de operações de verdade sobre proposições elementares.

A importância das proposições elementares está em constituírem a base de toda a linguagem e em serem as únicas a manter contato direto com a realidade. De acordo com tal noção – e isso é fundamental –, a análise de qualquer proposição deve chegar às proposições elementares (T 4.221). Um aspecto do *Tractatus*, no entanto, chama muito a atenção: enquanto a forma lógica geral da proposição, que constitui a essência do simbolismo, pode ser indicada inteiramente *a priori* – para Wittgenstein, aquilo que se pode em geral dizer "de antemão" sobre a forma de todas as proposições deve-se poder dizer "de uma vez por todas" (T 5.47) –, o mesmo não ocorre em relação à forma lógica das proposições elementares (T 5.55). Pela forma geral da proposição, o que se pode determinar *a priori* acerca das proposições elementares é tão somente um conceito geral: elas asserem a existência de um estado de coisas (T 4.21), consistem em nomes (T. 4.22), são bipolares e logicamente independentes

---

conjunta sobre proposições elementares (T 6). Deixarei essa notação de lado, pois os problemas específicos que sua interpretação desperta fogem do tema central deste livro.

(*T* 4.211; 5.134). A composição das proposições elementares, porém, não pode ser especificada:

> Devemos agora responder *a priori* à questão de quais seriam todas as formas possíveis de proposições elementares ... A proposição elementar consiste em nomes. Como não podemos, porém, especificar o número dos nomes com significados diferentes, tampouco podemos especificar a composição da proposição elementar. (*T* 5.55)

O argumento é límpido: só seria possível especificar a composição de uma proposição elementar pela especificação dos significados dos nomes que a compõem; como não se podem especificar esses significados *a priori*, também não se podem especificar *a priori* as composições possíveis das proposições elementares. É interessante notar que esse aforismo sugere uma defasagem entre a forma lógica geral – e única – da proposição e as formas "possíveis" (*T* 5.55), "especiais" (*T* 5.554) e "particulares" (*T* 5.555) das proposições elementares. Isso indica que Wittgenstein não as tem em *uniformidade*. Antecipar suas formas possíveis seria antecipar formas especiais, particulares, de composição do sentido proposicional. Para isso, teria de ser possível antecipar os diferentes significados dos nomes e, portanto, as conexões nas quais eles adquirem significado no interior do espaço lógico. Contudo, o que a lógica consegue mostrar *a priori* é tão somente a estrutura geral do espaço lógico, e não as formas particulares de seus ingredientes, que são os sentidos das proposições elementares.

De acordo com o *Tractatus*, apenas pela análise das proposições empíricas, isto é, pela *aplicação da lógica*, pode-se decidir a respeito de quais proposições elementares existem (*T* 5.557). É fundamental, nesse ponto, atentar para uma importante distinção: uma coisa é "responder *a priori* quais seriam todas as formas possíveis de proposições elementares" (*T* 5.55); outra coisa é decidir "quais proposições elementares existem" (*T* 5.557). A lógica não pode cumprir nenhuma dessas tarefas. O papel que lhe caberia legitimamente – determinar a forma lógica totalmente *a priori* – não pode ser cumprido no plano das proposições elementares. E a segunda tarefa – decidir *quais* proposições elementares existem – envolve necessariamente o campo da aplicação da lógica, no qual o lógico já deve dispor de proposições devidamente construídas para a análise. A aplicação da lógica exige que proposições sejam *dadas* – proposições cuja existência a forma geral da proposição não abrange.

A impossibilidade de a lógica antecipar sua aplicação indica tanto que as formas possíveis das proposições elementares não podem ser deduzidas da forma lógica geral da proposição quanto que a forma lógica geral não é indutivamente obtida por um inventário das formas lógicas das proposições elementares. Todavia, o ponto relevante é o seguinte: embora o princípio da bipolaridade essencial seja condição necessária e suficiente para determinar a forma geral de toda e qualquer proposição, ele não é suficiente para determinar a composição específica, particular e especial de nenhum sentido proposicional. Da ausência de conexão entre a forma geral da bipolaridade e as combinações possíveis dos significados dos nomes, surge o hiato entre a lógica e sua aplicação. Pode-se dizer que há, no *Tractatus*, uma dupla perspectiva de abordagem das proposições elementares. De um lado, são consideradas do ponto de vista do princípio da extensionalidade, segundo o qual devem ocorrer apenas como base das operações de verdade (*T* 5.54). Nessa medida, sua forma é essencialmente a da bipolaridade, condição necessária e suficiente para a sintaxe lógica. De outro lado, porém, são consideradas da perspectiva da aplicação da lógica, e, nesse caso, presume-se que suas formas devam ser focalizadas por outro ângulo.

Embora distintas, a lógica e sua aplicação não podem "colidir" (*T* 5.557): aquilo que sobrevém com a aplicação não pode ferir o que a lógica estabelece a *priori* sobre a essência do simbolismo. Por isso mesmo é que a lógica e sua aplicação devem "manter contato" (*T* 5.557), contato este que incidiria sobre a própria forma geral da proposição. Isso significa que quaisquer que sejam as formas possíveis das proposições elementares, essas não podem violar o princípio da bipolaridade essencial e o da independência lógica mútua entre elas.

Depurando ao máximo o campo da investigação lógica, Wittgenstein a libera da responsabilidade de instaurar padrões predeterminados de composição e análise no plano elementar da linguagem, que é o da representação imediata da realidade. Qual seria o fundamento dessa visão de que a lógica nada pode dizer *a priori* acerca dessas formas de representação direta ou imediata da realidade? Será que a própria estrutura da realidade teria de ser, de algum modo, dada?

Quando Wittgenstein diz que "o que vem com a aplicação, a lógica não pode antecipar" (*T* 5.557), o leitor do *Tractatus* poderia supor que "o que vem com a aplicação" trata-se de algo *a posteriori* ou *empírico*, como se o plano da aplicação da lógica envolvesse algum tipo de *experiência*, que as investigações puramente lógicas têm necessariamente de dispensar. Sob esse aspecto, a impossibilidade de especificar *a priori* as formas possíveis das proposições que representam diretamente a realidade residiria na impossibilidade de antecipar a *experiência* com a própria realidade a ser representada, o que faria da distinção entre a lógica e sua aplicação uma diferenciação entre o domínio das considerações absolutamente *a priori* e um domínio que, por envolver algum tipo de *experiência*, poderia ser chamado de *a posteriori*. Com efeito, o aforismo seguinte ao que nega à lógica o poder de especificar *a priori* as formas possíveis das proposições elementares parece oferecer apoio a tal interpretação. Ao negar que a lógica tenha de "olhar o mundo" para resolver seus problemas, Wittgenstein parece sugerir que essa trilha – "errada por princípio", quando escolhida pela lógica – é a trilha certa a ser percorrida por sua aplicação. E, então, tudo se passa como se "o que vem com a aplicação" não pudesse ser antecipado pela lógica, por tratar-se de algo *a posteriori*, que envolve a experiência de "olhar o mundo" etc.

Ora, qual é o problema com essa interpretação? A questão perturbadora é que só aparentemente ela dá conta do que poderia ser visto como o domínio da aplicação da lógica no *Tractatus*. Como se verá, não fica de modo algum claro que esse domínio deva necessariamente envolver *apenas* o que se costuma chamar de *a posteriori* – sobretudo nos sistemas epistemológicos modernos – como algo *empírico* ou *contingente*. Na verdade, é muito difícil transpor para o *Tractatus* a clássica distinção entre o *"a priori"* e o *"a posteriori"*, em termos da distinção entre o que independe da experiência e o que dela deriva. A raiz da dificuldade está, de um lado, na concepção de que o campo absolutamente *a priori* da lógica não pode envolver nenhum tipo de *experiência*; e, de outro, no próprio conceito de *experiência* que o *Tractatus* parece endossar.

Logo depois de afirmar que, para solucionar um problema, a lógica não tem de "olhar o mundo" (*T* 5.551), Wittgenstein escreve:

> A "experiência" de que precisamos para entender a lógica não é a de que algo está assim e assim, mas a de que algo *é*: mas isso *não* é experiência.
>
> A lógica é *anterior* a toda experiência – de que algo é *assim*. Ela é anterior ao como, não anterior ao quê. (*T* 5.552)

O aforismo indica que Wittgenstein dispõe de um conceito mínimo de *experiência*, que seria a percepção "de que algo está assim e assim". Curiosamente, essa definição remete de imediato ao que antes chamei de primeiro modo de apresentação da forma geral da proposição: "as coisas estão assim" (*T* 4.5). Afinal, o que essa similitude indica? Estaria a forma geral da proposição indicando a "forma geral da experiência" no *Tractatus*? De acordo com Gordon

Baker,[2] no aforismo 5.552, Wittgenstein faz uma alusão ao conceito de *experiência lógica* de Bertrand Russell,[3] com a intenção de mostrar que esse faz um "mau uso" da palavra "experiência" quando a vincula à lógica. Entretanto, nos *Notebooks 1914-1916*, encontramos o seguinte fragmento:

> Se a forma mais geral da proposição não pudesse ser dada, então teria de chegar um momento em que nós, de repente, teríamos uma *nova experiência*, por assim dizer, *lógica*. Isso é, naturalmente, impossível. (*NB*, p. 75, 9/ 7/16, grifos meus)

A leitura conjugada desse fragmento dos *Notebooks* com o aforismo 5.552, do *Tractatus*, permite afirmar que, para o primeiro Wittgenstein, a forma geral da proposição – "as coisas estão assim" (*T* 4.5) – é concebida como a forma geral da experiência – "algo está assim e assim" (*T* 5.552) –, que é a forma geral da contingência. Entretanto, o que se ganha com isso é ainda muito pouco para esclarecer o que Wittgenstein entende por *experiência* e de que maneira esse conceito está envolvido na aplicação da lógica. Pois, assim como a forma geral da proposição não determina as formas particulares e específicas das proposições elementares, a forma geral da experiência também não determina as formas particulares e específicas da experiência imediata que pode estar envolvida no plano elementar da representação simbólica. Ou seja, do mesmo modo que a expressão "isto está assim" é empregada no *Tractatus* como um "esquema" de proposição que, como tal, deve poder substituir qualquer asserção da linguagem descritiva (como Wittgenstein esclarece nas *Investiga-*

---

[2] BAKER, G. *Wittgenstein, Frege and the Vienna Circle*. London: B. Blackwell, 1988. p.85.
[3] RUSSELL, B. *Theory of Knowledge: The 1913 Manuscript*. London: Routledge, 1992. p.97.

ções *filosóficas*, § 134), assim também a expressão "algo está assim e assim" funciona como um "esquema", devendo poder substituir toda *experiência* – específica e bem determinada – de que "algo está assim e assim".

Para Wittgenstein, a lógica independe de toda e qualquer experiência. Ela é anterior ao "como" (*Wie*) o mundo é, qualquer que ele seja; é anterior a toda experiência, qualquer que ela seja. Mas a lógica não é anterior ao "quê" (*Was*). Dizer que a lógica não é anterior ao quê (*Was*) não é afirmar que algo a *precede*, mas que algo é *dado junto* com ela. E o que é dado junto com ela deve ser a condição de possibilidade da existência simultânea e isomórfica do mundo e da linguagem: a forma essencial comum ao símbolo e ao simbolizado.

O problema, no entanto, é o seguinte: de um lado, a perspectiva *a priori* da lógica permite que ela descreva apenas aquilo que pode ser construído de acordo com a estrutura geral do espaço lógico; de outro, porém, a aplicação da lógica depende de algo que só pode ser *dado*, e não *construído*.

> A lógica mostra o que, na sintaxe, é construído; a aplicação da lógica, o que nela é dado como condição absoluta da existência da linguagem e do mundo.[4]

Em outras palavras, a lógica não pode apontar para o que só pode ser mostrado em sua aplicação. Isso parece indicar um descompasso entre as condições transcendentais da lógica e as condições transcendentais de sua aplicação: as primeiras recobrem só aquilo que pode ser "construído" pela sintaxe; as segundas, aquilo que tem de ser "dado" e não pode, por seu turno, ser determinado pelas regras sin-

---

[4] SANTOS, L. H. L. "A essência da proposição e a essência do mundo". Ensaio introdutório à tradução brasileira do *Tractatus Logico-Philosophicus*. São Paulo: Edusp, 1994. p.94.

táticas de construção. Pois, logo após afirmar que a lógica é anterior ao "como", e não anterior ao "quê", Wittgenstein pergunta: "E se não fosse assim, como poderíamos aplicar a lógica?" (*T* 5.5521). Ora, a lógica só pode ser aplicada diante de um mundo dado. Entretanto, a existência de um mundo, além de ser a condição da aplicação da lógica, é um *pressuposto* da própria lógica:

> Poder-se-ia dizer: se houvesse uma lógica, ainda que não houvesse um mundo, como poderia então haver uma lógica, já que há um mundo? (*T* 5.5521)

A frase anterior sugere que, se a lógica é a lógica da linguagem que representa o mundo, seria impossível que ela existisse independentemente da suposição de um mundo que só pode ser dado em sua aplicação. Isso significa que a lógica pode pressupor, sem contudo determinar, um mundo que só se mostra em sua aplicação.

O grande problema em definir "o que vem com a aplicação" como algo *a posteriori* reside precisamente em que não poderia tratar-se de algo *contingente*. Max Black observa que o caráter das formas lógicas das proposições elementares "não é uma matéria contingente".[5] Baker, na mesma linha, afirma que "a investigação da aplicação da lógica produzirá não verdades contingentes, mas proposições *a priori* posteriores".[6] Em ambas as observações, encontra-se a sugestão – a qual pretendo explorar – de que aquilo que surge com a aplicação da lógica não pode ser classificado nem como *a priori* nem como *a posteriori*, se levarmos em conta o modo pelo qual esses termos parecem definir-se no *Tractatus*: não pode ser *a priori* por se tratar de algo que não pode ser construído pela sintaxe lógica, centrada na

---

[5] BLACK, M. *A Companion to Wittgenstein's* 'Tractatus'. New York: Cornell University Press, 1992. p.303.
[6] BAKER, G., *Wittgenstein, Frege and the Vienna Circle*, op. cit., p.110.

forma lógica geral da proposição; não pode ser *a posteriori* por não depender da verificação de proposições bipolares ou contingentes. Essa dificuldade – que será tratada de diferentes perspectivas ao longo deste livro – tem raízes no fato de que a aplicação da lógica deve contemplar *necessidades metafísicas*, as quais, por definição, não podem ser contingentes.[7]

Analisando a questão desse ângulo, creio ser possível sustentar que, no *Tractatus*, entre o *a priori*, referente ao que pode ser construído, e o *a posteriori*, designativo do campo das verdades contingentes, há uma lacuna conceitual. Esta teria de ser preenchida por um fundamento antepredicativo, ou – para usar um termo mais afeito ao *Tractatus* – um fundamento *pré-figurativo* da linguagem, dado que somente um fundamento dessa natureza poderia cumprir a dupla exigência de (1) não poder ser derivado da forma geral da proposição (e, por isso mesmo, não poder ser antecipado pela lógica), e (2) de não depender de verdades contingentes, que resultam de verificações empíricas.

No artigo "Some Remarks on Logical Form", escrito em 1929, a tarefa que, no *Tractatus*, era destinada à aplicação da lógica é então especificada como atribuição de uma "teoria do conhecimento":

---

[7] Sílvia Altmann, em seu artigo "A lógica e sua aplicação: a antecipação das formas das proposições elementares no *Tractatus* de Wittgenstein" (*Analytica*, v.4, n.1, 1999), depois de admitir que "algo lógico [as formas possíveis das proposições elementares] não é estabelecido *a priori*", e que as formas lógicas das proposições elementares não podem ser antecipadas porque "elas não são independentes da realidade", encaminha à seguinte questão: "Como pode algo lógico (independente de como o mundo é) depender da realidade?" (p.110). A certa altura, embora admita que a lógica seja *a priori*, a autora é levada a afirmar que "há algo, na lógica, que não é *a priori*" (p.122). Ora, em vez de supor que há algo na lógica que não é *a priori*, prefiro supor que o *a priori* da lógica não basta para determinar *todas* as condições *a priori* envolvidas em sua aplicação.

Elas [as proposições atômicas] são, pois, os cernes de toda proposição, *elas* contêm o material, e todo o restante é só o desenvolvimento desse material. É para elas que temos de olhar a fim de saber de que tratam as proposições. A tarefa da teoria do conhecimento é encontrá-las e entender como se constroem a partir das palavras ou símbolos. É uma tarefa muito difícil, e a filosofia mal começou a atacá-la. (*RLF*, p.29)[8]

Nesse escrito pós-*Tractatus*, torna-se claro que o empreendimento filosófico – considerado difícil e ainda incipiente – que envolve a aplicação da lógica implicaria a formulação de uma *nova* teoria do conhecimento, compatível com a *nova* lógica. Do estrito ponto de vista desse artigo, a tarefa da teoria do conhecimento envolveria a substituição do "simbolismo impreciso" da linguagem ordinária por um "simbolismo apropriado", que fornecesse uma figuração clara da estrutura lógica, excluísse pseudoproposições e fizesse uso dos termos de maneira unívoca (*RLF*, p.30). Além disso, para realizar o que Wittgenstein então denomina de "análise real", essa teoria do conhecimento teria de proceder a uma "investigação lógica dos próprios fenômenos", o que ele admite ser "em certo sentido, *a posteriori*", e não fruto de conjecturas sobre possibilidades *a priori* (*RLF*, p.30). De acordo com Wittgenstein, essa análise real depararia certas formas – de espaço, tempo, cores, sons etc. – que não poderiam ser capturadas por nossos meios ordinários de expressão (*RLF*, p.31). Por essa razão, a teoria do conhecimento teria de lançar mão de *outra* linguagem, "fenomenológica" ou "primária", para a representação imediata da forma lógica dos fenômenos. Wittgenstein admite que

---

[8] WITTGENSTEIN, L. "Some Remarks on Logical Form" (1929). In WITTGENSTEIN, L.; KLAGGE, James C.; NORDMANN, Alfred. (Eds.). *Philosophical Occasions 1912-1951*.. Cambridge: Hacket Publishing Company, 1993. p.29-35.

defendeu essa concepção nas *Philosophische Bemerkungen* (seções 1 e 53), para, logo em seguida, revogá-la.

É interessante notar que o artigo de 1929 continua sustentando que "uma forma atômica não pode ser prevista" (*RLF*, p.30). Só que, nesse momento, a imprevisibilidade aparece vinculada à necessidade de uma "investigação lógica dos próprios fenômenos", que Wittgenstein admite ser, "em certo sentido, *a posteriori*" (*RLF*, p.30). Ora, pelo que se verá no decorrer deste livro, vai contra a concepção transcendental da lógica exigir, em sua aplicação, a investigação de fenômenos. Pode-se, além disso, notar um traço curioso desse "*a posteriori*" que, no artigo em questão, Wittgenstein abertamente vincula à aplicação da lógica. Trata-se de um *a posteriori* no mínimo *sui generis*, pois o que ele dá a conhecer são observações como: "um matiz de cor não pode ter simultaneamente dois graus diferentes de brilho ou vermelhidão" ou "um som não pode ter duas intensidades diferentes" etc. Pois bem, de acordo com o próprio Wittgenstein, expressões como essas "não exprimem uma experiência, mas são, em algum sentido, tautologias" (*RLF*, p.32).[9] Isso indica que a "análise real", que cabe à epistemologia, comporta dupla característica: de um lado, só pode ocorrer *a posteriori*, porque investiga "os próprios fenômenos"; de outro, não descobre nada de empírico, mas, ao contrário, conduz ao tautológico. Estaríamos, então, diante de algo *a posteriori* que é, a um só tempo, não contingente, não empírico e tautológico. Estamos, na verdade, de volta ao mesmo quebra-cabeça conceitual de que partimos quando tentávamos estabelecer o estatuto do "que vem com a aplicação" da lógica. Enquanto focalizarmos o domínio da representação direta da realidade pela linguagem à luz do esquema conceitual clássico – que classifica o que é *a posteriori* como

---

[9] Pode-se dizer que, no aforismo 2.0131 do *Tractatus*, a ideia de que "o som deve ter *uma* altura, o objeto do tato, *uma* dureza etc." prenuncia, *avant la lettre*, algo similar às "tautologias" de 1929.

algo que depende da experiência, e o que é *a priori* como algo que não depende dela –, não sairemos do lugar.

O que fica claro no artigo, de um modo que talvez não estivesse ainda no *Tractatus*, é que a separação entre a lógica e sua aplicação tem origem na separação entre a lógica e a teoria do conhecimento. Passados onze anos desde a redação final do *Tractatus*, Wittgenstein enfim reconhece a teoria do conhecimento como uma tarefa filosoficamente relevante. Mas, para entender a razão de o primeiro sistema não desenvolver uma epistemologia, é necessário aprofundar o modo pelo qual o jovem Wittgenstein concebia a relação entre a lógica e a tarefa da filosofia.

* * *

A proposição "A lógica deve cuidar de si mesma" (*NB*, p.2; *T* 5.473) encerra o conhecido lema da autonomia da lógica no primeiro Wittgenstein. Na abertura dos *Notebooks*, esse lema se expressa na defesa de uma independência da lógica em relação a toda teoria ontológica: se "as regras sintáticas para funções podem ser *em geral* estabelecidas", diz Wittgenstein, "então, toda a teoria de coisas, propriedades etc., é supérflua" (*NB*, p.2). Ora, mas se o campo do que o *Tractatus* chamará de *sintaxe lógica*, e concernirá somente à essência do simbolismo, não deve incluir nem determinar teses ontológicas, como entender o estatuto da *ontologia* do *Tractatus*? Em que medida ela se distingue de uma "teoria acerca de coisas, propriedades etc." e, por conseguinte, em que medida, longe de ser supérflua, é essencial ao primeiro sistema? Essa questão se liga imediatamente a outra: seria correto pensar que uma teoria ontológica se torna supérflua apenas devido à perspectiva absolutamente geral da sintaxe lógica? Se assim fosse, seria cabível pensar que, uma vez abandonada a perspectiva absolutamente geral da sintaxe lógica – o que presumivelmente aconteceria no campo da aplicação da lógica –, uma teoria ontológica pudesse ter lugar. E, assim, poder-se-ia conjecturar que, embora supérflua para a sintaxe lógica, uma teoria ontológica pudesse ter alguma serventia no campo da aplicação da lógica. Entretanto, como logo se verá, mesmo no campo da aplicação – e *sobretudo* nesse campo –, Wittgenstein não concede lugar a nenhuma teoria desse tipo.

Desde cedo, pode-se notar que, para ele, a tese da autonomia da lógica implica uma redefinição da tarefa da filosofia, posição que resulta clara nas primeiras páginas dos *Notebooks*, como mostra a instigante reflexão do dia 3 de setembro de 1914, que assim se inicia:

> Como é possível conciliar com a tarefa da filosofia o fato de que a lógica deve cuidar de si mesma? Se, por exemplo, perguntamos: é tal e tal fato da forma sujeito-predicado?, então devemos saber o que entendemos por "forma sujeito-predicado". Nós devemos saber *se*, afinal de contas, existe tal forma. Como nós podemos saber isso? "Pelos sinais!" Mas como? Pois não temos *sinal* algum dessa forma. Poderíamos muito bem dizer: temos sinais que se comportam tal como a forma sujeito-predicado, mas isso prova que realmente deve haver fatos dessa forma? A saber: quando esses sinais são completamente analisados. E aqui mais uma vez perguntamos: existe uma tal análise completa? *E se não*: qual é, então, a tarefa da filosofia?!!? (*NB*, p.2, 3 set. 1914)

Essa passagem indica que Wittgenstein questiona o modo pelo qual, tradicionalmente, a lógica tem imposto determinadas questões à filosofia. O problema quanto a essas questões parece ser o de que, em sua própria formulação, supõem-se coisas que "devemos saber", sem que saibamos *onde* procurá-las. Para perguntar, por exemplo, se tal e tal fato é da forma sujeito-predicado, "devemos saber" o que entendemos por "forma sujeito-predicado", e *se* essa forma afinal existe. Ora, *onde* procurar isso que "devemos saber"? Uma possibilidade consiste em dizer que essa busca deve partir "dos sinais". Mas essa perspectiva não nos coloca em melhor posição, pois, o máximo que se pode dizer é que, analisando completamente os sinais e vendo como eles "se comportam", chegaremos àquela forma. Ocorre que, aí, estaríamos de novo diante da questão de saber se essa forma realmente existe. A inquietação de Wittgenstein parece recair sobre a suposição de que a tarefa da filosofia deve ser a de fornecer os fundamentos de uma análise completa da linguagem, baseada na suposição da *existência* de determinadas formas. É precisamente para esse problema que apontam as seguintes observações:

> Assim, podemos nos perguntar: a forma sujeito-predicado existe? A forma relacional existe? Existe afinal alguma daquelas formas sobre as quais Russell e eu sempre falamos? (Russell diria: "Sim! É autoevidente". *Ha!*)
> Portanto: se *tudo* que precisa ser mostrado é mostrado por meio da existência de *proposições* sujeito-predicado etc., então a tarefa da filosofia é diferente da que eu originalmente supus. Mas, se não é assim, então o que falta teria de ser mostrado por um modo da experiência, e isso eu considero fora de questão. (*NB*, p.2, 3 set. 1914)

Distanciando-se daquela que seria, a seus olhos, a cômoda posição de Russell no tratamento desse problema, Wittgenstein discorda de que se possa afirmar a existência dessas formas como algo "autoevidente" e de que "tudo" o que a filosofia tem a fazer seja auxiliar a lógica na especificação ou classificação das formas lógicas das proposições, erigindo teses que justifiquem a existência de *determinadas* formas. Em outra passagem dos *Notebooks*, sugere que é impossível determinar "a lógica de nossas proposições sujeito--predicado" ou construir sua sintaxe *enquanto* não conhecemos sua análise (*NB*, p.4, 7 set. 1914). Enfim, o que se questiona não é que a tarefa da filosofia envolva a possibilidade da análise completa da linguagem, mas a concepção de que essa tarefa consista em definir ou justificar a existência de certas formas, pois não há nenhum tipo de "evidência" à qual a lógica e a filosofia possam recorrer. Nem a lógica está em condições de determinar *a priori* as formas lógicas possíveis da predicação na linguagem, nem a filosofia presta-lhe bom serviço se tiver de recorrer a uma espécie de "experiência", ou contato, com tais formas. O apelo à experiência está "fora de questão" pela simples razão de que formas lógicas não podem ser confirmadas nem falsificadas pela experiência.

Assim, a autoevidência de que fala Russell – "altamente duvidosa" e "ilusória" – tem de ser dispensada na lógica e na filosofia. Como escreve no *Tractatus*, Wittgenstein considera que a evidência não pode ser uma justificativa para a crença na verdade de certas proposições (*T* 5.1363); em especial, ela não pode ser critério da verdade das proposições lógicas, como, de resto, também pensava Gottlob Frege quando erigia suas "leis lógicas básicas" (*T* 6.1271). Frege e Russell partilham da concepção tradicional da lógica como uma ciência descritiva, consistindo em generalidades *a priori* sobre conceitos, juízos e inferências. Como lembra Baker, eles foram educados nessa tradição, e ambos consideraram as leis básicas do pensamento puro como verdades *a priori* autoevidentes. Para Frege, as leis da lógica e as verdades da aritmética deveriam ser confiadas unicamente à nossa "faculdade lógica"; somente a operação dessa faculdade poderia explicar a apreensão dos axiomas autoevidentes de seu sistema lógico, bem como o entendimento das noções primitivas da lógica (o verdadeiro, o falso, os conceitos de objeto, função e extensão de um conceito) e de símbolos primitivos da notação (negação, generalidade, condicionalidade, identidade etc.).[10] Em

---

[10] BAKER, G. *Wittgenstein, Frege and the Vienna Circle*, op. cit., p.9 e 15.

sintonia com Frege, Russel, por seu turno, considerava as três "leis do pensamento" – a da identidade, a da contradição e a do terceiro excluído – como exemplos de "princípios lógicos autoevidentes".[11]

O diagnóstico desse sentimento, partilhado pelos lógicos, de que lhes cabe "postular verdades lógicas" é claro para Wittgenstein: ele provém do fato de as proposições lógicas não serem passíveis nem de confirmação nem de refutação pela experiência (*T* 6.122 e 6.1223). É precisamente essa a razão alegada por Russell, quando, no contexto em que trata dos princípios lógicos, afirma:

> Assim, ao mesmo tempo o que admitimos que todo conhecimento é extraído da e causado pela experiência, nós no entanto sustentaremos que algum conhecimento é *a priori*, no sentido de que a experiência que nos leva a pensar nele não basta para prová-lo, mas simplesmente dirige a nossa atenção para que vejamos sua verdade sem requerer qualquer prova da experiência.[12]

Procurando distanciar-se de uma concepção normativa da lógica, Russell parece concebê-la como uma ciência descritiva, cuja tarefa consiste em descrever as leis do pensamento como as do ser verdadeiro:

> O nome "leis do pensamento" é também enganador, pois o que é importante não é o fato de que nós pensamos de acordo com essas leis, mas o fato de que *as coisas se comportam de acordo com elas*; em outras palavras, o fato de que quando pensamos de acordo com elas, pensamos *verdadeiramente*.[13] (o primeiro grifo é meu)

---

[11] RUSSELL, B. *The Problems of Philosophy*. Oxford: Oxford University Press, 1997. p.74.
[12] Ibidem.
[13] Ibidem, p.73.

Assim, na visão de Russell, as proposições lógicas gozam de um estatuto especial: são expressões de uma legalidade máxima, que instituem padrões de correção da linguagem e do pensamento uma vez que são iluminações *a priori* de verdades inquestionáveis e indemonstráveis do ser verdadeiro. Quem partilha dessa visão dispõe de tudo o que precisa para crer que a lógica pode ser construída como um sistema dedutivo a partir de axiomas autoevidentes. No *Tractatus*, Wittgenstein posiciona-se contra a visão de que um sistema lógico deva ser construído derivando teoremas de leis lógicas mais fundamentais. Em seu entender, "as leis lógicas não podem, por sua vez, subordinar-se a leis lógicas" (*T* 6.123). Para ele, a visão tradicional, que institui uma hierarquia entre as proposições da lógica, deve ser substituída por uma concepção na qual todas as proposições lógicas tenham "os mesmos direitos", no sentido de que não exista entre elas a distinção entre "lei básica" ou "proposição derivada" (*T* 6.127).

Wittgenstein não concebe as proposições lógicas ou da lógica do mesmo modo que Frege e Russell concebiam. Para Wittgenstein, as proposições lógicas são tautologias ou contradições entendidas como configurações simbólicas que não dizem nada, que não têm condições de verdade e, por isso, não têm sentido – são *"sinnlos"* (*T* 4.461). Como não têm condições de verdade, as proposições lógicas não podem *determinar* a realidade: a tautologia deixa à realidade todo o infinito espaço lógico, e a contradição, preenchendo todo o espaço lógico, não deixa à realidade ponto nenhum (*T* 4.463). A tautologia "Chove ou não chove" é verdadeira, e a contradição "Chove e não chove" falsa, sob quaisquer circunstâncias. Nenhuma delas *diz* nada sobre a realidade, nenhuma delas descreve um estado de coisas possível: a verdade da tautologia, tal como a falsidade da contradição, pode ser reconhecida independentemente do que acontece na realidade. Como as proposições lógicas não *dizem* nada, toda teoria que tenta conferir-lhes conteúdo, acredita Wittgenstein, é simplesmente "falsa" (*T* 6.11; 6.111).

Por outro lado, as proposições *da* lógica serem tautologias não significa que seu indício seja a "validade geral", já que uma proposição não generalizada pode ser tautológica tanto quanto uma generalizada (*T* 6.1231). Por essa razão, Wittgenstein distingue a validade "casual" de uma proposição, do tipo "Todos os homens são mortais", da validade "essencial" das tautologias (*T* 6.1232). As proposições da lógica não demonstram verdades *a priori* sobre o mundo, mas tão somente "propriedades lógicas" das proposições, e assim o fazem ligando as proposições significativas em proposições que não dizem nada (*T* 6.121). Elas *mostram* essas propriedades lógicas sem descrever nenhum tipo de legalidade lógica mais básica ou mais geral. Embora Wittgenstein tenha empregado o mesmo simbolismo que Frege e Russell – no aforismo 6.1203, "~ (p . ~ p)" refere-se à "lei da contradição" – e tenha falado dessas fórmulas como tautologias, ele não as concebe como generalizações de "verdades lógicas". Ao argumentar a favor dessa tese, Baker nota que seria estranho, da perspectiva de Wittgenstein, admitir que, por exemplo, "Está chovendo ou não está chovendo" *é* a expressão de uma lei lógica. Muito oportunamente, Baker diz que "há tantas versões da lei do terceiro excluído quanto há de proposições significativas", e nenhuma delas contém qualquer generalidade (Baker, op. cit., p.76-7). Essa noção de "versão" de uma forma tautológica parece bastante apropriada para afastar a ideia de que "descobrir que uma proposição é uma tautologia" seja equivalente a "postular uma verdade lógica", pois tudo o que Wittgenstein deseja impedir é a ideia de que existam diferentes instâncias de uma *mesma* verdade lógica. Todavia, a noção só é boa se, nela, a ideia de que cada versão é particular for combinada com a ideia de que, em cada uma, a tautologia diz o mesmo, a saber, *nada*.

As proposições lógicas não prescrevem como se deve pensar – a lógica não é normativa – nem descrevem leis lógicas de acordo com as quais as coisas devem se comportar. As tautologias resultam de certos enlaces de proposições significativas. O que esses enlaces *mostram* são "propriedades formais" da linguagem e do mundo, mostram que as proposições assim enlaçadas devem ter determinadas "propriedades estruturais", e é desse modo apenas que caracterizam "a lógica de suas partes constituintes" (*T* 6.12). Ora, quais são essas propriedades estruturais que caracterizam a lógica das partes constituintes? Do ponto de vista estrito da sintaxe lógica, só podem ser a bipolaridade e a independência lógica das proposições elementares.

É preciso, então, atentar para a seguinte diferença: uma coisa é *mostrar* as propriedades formais da linguagem e do mundo; outra é indicar ou especificar formas lógicas. Do mesmo modo, supor que determinadas *propriedades estruturais* sejam comuns à linguagem e ao mundo é algo distinto de indicar ou especificar *estruturas*.

Para Wittgenstein, a marca característica particular das proposições lógicas consiste em que sua verdade pode ser reconhecida tão somente no símbolo – e esse fato, diz ele, "contém em si toda a filosofia da lógica" (*T* 6.113). "Tão somente no símbolo" significa: independentemente de toda função designativa. Isso indica que o reconhecimento da verdade das proposições lógicas implica o procedimento contrário do que é requerido no reconhecimento da verdade das proposições significativas. Por isso, um fato igualmente importante na filosofia da lógica é o de que a verdade ou a falsidade das proposições não lógicas *não* pode ser reconhecida somente nessas proposições. Ou seja, o princípio de que a verdade das proposições significativas requer a comparação com uma realidade extralinguística tem como contrapartida necessária o princípio de que a verdade das proposições lógicas pode ser reconhecida independentemente de qualquer tipo de comparação.

A concepção de que a verdade essencial de uma proposição lógica depende exclusivamente da possibilidade de essa verdade ser reconhecida apenas no símbolo está intrinsecamente ligada à concepção de que não há *entidades* correlacionadas aos símbolos lógicos.

A verdade das proposições lógicas não corresponde a nenhuma realidade: não há fatos nem objetos lógicos para além de fatos e objetos que podem ser descritos pelas proposições significativas. Wittgenstein considera que sua "ideia básica" (*Grundgedanke*) em filosofia da lógica se manifesta na concepção de que as "constantes lógicas" nada significam, nada designam, nada substituem (*T* 4.312). Não há, diz explicitamente, "objetos lógicos" ... "no sentido de Frege e Russell" (*T* 5.4). Ou seja: ao vincular a concepção das proposições lógicas, como essencialmente verdadeiras, ao *Grundgedanke*,[14] a posição de Wittgenstein se esclarece: as proposições lógicas são essencialmente verdadeiras *não* porque tratam de fatos ou objetos lógicos, como pensavam Frege e Russell, mas porque sua verdade pode ser reconhecida somente do sinal, considerados sem significados correlacionados. A lógica não trata de "entidades" que as verdades lógicas descrevem, e os símbolos empregados em lógica não têm um significado referencial (*Bedeutung*).

No aforismo 3.33 do *Tractatus*, Wittgenstein afirma que "o significado (*Bedeutung*) de um sinal nunca pode desempenhar papel algum" na sintaxe lógica. E, no aforismo 6.126, reitera que, no campo da sintaxe lógica, o que importa são apenas "as propriedades lógicas do *símbolo*", "sem nos preocuparmos com um sentido e um significado, constituímos a proposição lógica a partir de outras segundo meras *regras notacionais*". Essa observação deixa claro que "meras regras notacionais" não podem ser confundidas com regras de representação efetivas, que se instituem apenas com base em relações de designação.

Essa breve incursão pelo conceito de "proposição lógica", que só recebe uma versão definitiva no *Tractatus*, tem por finalidade unicamente mostrar que aquilo que Wittgenstein chama de "tautologia"

---

[14] Esse vínculo é meticulosamente trabalhado por Gordon Baker, em *Wittgenstein, Frege and the Vienna Circle*, op. cit., p.45.

não ocupa o mesmo lugar que a visão tradicional da lógica reservou para as "verdades autoevidentes". Não é para o reino das verdades autoevidentes que devem apontar as investigações da lógica, e não é com base em sua autoridade que, para Wittgenstein, a lógica pode "falar", seja da correção do pensamento e da linguagem, seja de uma descrição de leis gerais do ser. Não há um reino no qual o "não", o "ou", o "se ... então", o "todo" e o "nenhum" tenham significado, e menos ainda um significado constante. A lógica tem de poder ser, toda e inteira, extraída da lógica da linguagem significativa, e isso implica a absoluta centralidade do conceito de "proposição bipolar" ou "contingente" – e, de modo crucial, o conceito de proposição elementar, único que pode ser plenamente identificado com o conceito de figuração. A lógica deve poder concernir, de maneira radical e exclusiva, às *possibilidades* das verdades contingentes, deve estabelecer os *limites* do sentido das proposições, sem que, para isso, lance mão de princípios autoevidentes para legitimar determinadas construções ou determinadas formas, como as de sujeito-predicado, por exemplo.

Torna-se agora claro em que sentido se pode dizer que a autonomia da lógica se expressa como uma defesa de independência da lógica de toda e qualquer teoria ontológica. Defender a autonomia da lógica significa defender que a sintaxe lógica seja independente (1) de todo e qualquer discurso acerca dos significados dos nomes e dos sentidos das proposições significativas; e (2) de todo e qualquer discurso acerca do significado das constantes lógicas. A sintaxe lógica deve poder ser estabelecida "sem que se fale do *significado* de qualquer sinal" (*T* 3.33), isto é, sem dar lugar a uma suposta semântica dos conectivos lógicos e sem considerar qualquer semântica associada às proposições das linguagens naturais.

Apesar do grande feito de Frege e de Russell – substituir a antiga concepção de análise, consolidada nas proposições sujeito-predicado da silogística clássica, pela nova, fundada nas noções de função e argumento –, pode-se dizer que, na obra de ambos, Wittgenstein encontra a lógica mal vinculada à ontologia. Todo seu esforço consiste em entender esse vínculo sob uma nova luz, sem o permeio de concepções lógicas e ontológicas, que lhe pareciam sobremaneira convencionais e, certamente, resultariam postiças no sistema que desejava inaugurar. Wittgenstein pretendia não recusar a relação entre a lógica e a ontologia, mas alterá-la radicalmente. Nesse sentido, é preciso entender que a razão que o leva a eliminar das proposições lógicas todo e qualquer conteúdo ontológico é a mesma que lhe permite atribuir, de maneira exclusiva e necessária, todo conteúdo ontológico possível somente às proposições não lógicas, isto é, às proposições significativas. A lição que o *Tractatus* nos lega é, então, a de que o vínculo entre a lógica e a ontologia só pode ser encontrado na *linguagem que representa o mundo*.

Ao mesmo tempo que ignora o caráter descritivo das proposições lógicas defendido por Frege e Russell, Wittgenstein confere uma nova e inédita relevância às linguagens naturais em lógica, apresentando, como se verá, uma visão tão antirreformadora quanto idealizada de tais linguagens. É interessante observar que, nesse ponto de vista, distancia-se sobretudo de Frege, que chegou a afirmar:

> a tarefa da lógica não pode ser a de investigar a linguagem e determinar o que está contido numa expressão linguística. Alguém que deseja aprender a lógica da linguagem é como um adulto que deseja aprender, de uma criança, como pensar. As linguagens não são feitas de modo que se enquadrem à régua da lógica.[15]

---

[15] FREGE, G. *Philosophical and Mathematical Correspondence*. G. Gabriel H. Hermes; F. Kambartel; C. Thiel; Veraart (Eds.), B. McGuinness (Org.), trad. H. Kaal. Oxford: Basil Blackwell, 1980, 67ff. Apud BAKER, G. *Wittgenstein, Frege and the Vienna Circle*, op. cit., p.29.

Ora, para Wittgenstein, a tarefa da lógica *é* investigar a linguagem, pois a lógica *é* a lógica da linguagem. Como aponta Baker, embora Frege tenha admitido que a distinção fundamental entre objetos e conceitos refletia-se, na língua alemã, com alto grau de adequação, pela distinção entre nomes próprios e expressões predicativas, sua posição final era considerar um "feliz acidente" que essa distinção linguística coincidisse tão bem com uma distinção lógica.[16] Baker recorre a esse aspecto para mostrar o quanto é ilusório pensar que Frege fundou sua lógica em uma análise da linguagem, argumentando que, na ausência de "Sentido e Significado", "Conceito e Objeto" e "Função e Conceito", não teríamos *nenhuma* razão para atribuir a Frege qualquer intenção em se engajar na análise de sentenças de linguagens naturais. Para Baker, a "filosofia da linguagem de Frege" é uma invenção da interpretação moderna, que não tem contraparte em sua exposição formal da lógica. Recomenda que isso pese na balança contra a afirmação de que Frege identificou a análise lógica dos pensamentos com qualquer estudo da linguagem.[17] Ora, o mesmo não pode ser dito de Wittgenstein, pois, apesar de todas as limitações que ele próprio acentuou acerca das expressões linguísticas ordinárias, elas deveriam constituir o centro de sua investigação. É, pois, para a linguagem corrente que sua lógica tende, por fim, a referir-se.

A autoevidência de que Russell "tanto fala", diz Wittgenstein, só pode ser prescindível na lógica "se a própria linguagem impedir todos os erros lógicos" (*NB*, p.4, 8 set. 1914; *T* 5.4731). Essa notável afirmação indica que, independentemente de qualquer *teoria lógica* e de qualquer *teoria filosófica*, o que Wittgenstein busca é um

---

[16] Ibidem, *Poshumous Writings*, H. Hermes; F. Kambartel; F. Kaulbach (Eds.), trad. P. Long and R. White. Oxford: Basil Blackwell, 1979, p.94. Apud BAKER, G. *Wittgenstein, Frege and the Vienna Circle*, op. cit., p.29.

[17] BAKER, G. *Wittgenstein, Frege and the Vienna Circle*, op. cit., p.33.

ponto de vista pelo qual a própria linguagem possa se *autorregular*. Mas, se assim é, pode-se dizer que a tese da autonomia da lógica concilia-se perfeitamente com a ideia de uma autonomia da *gramática lógica* da linguagem. Pois, a ideia de que a lógica deve cuidar de si mesma tem de ser compatível com a de que a própria linguagem tome conta de si mesma e impeça todos os erros lógicos.

É claro que esse ponto de vista só pode ser alcançado se a lógica for considerada não uma "teoria", mas uma "imagem especular" (*Spiegelbild*) do mundo, isto é, uma *lógica transcendental*. O ponto de vista transcendental da lógica deve ser tal que, por meio dele, seja possível entender que o mundo é *dado* na linguagem. E que a lógica espelhe o mundo significa que espelho e espelhado devam ter a *mesma* forma lógica, isto é, sejam isomórficos, de maneira que a ambos pertençam as mesmas determinações lógicas. Assim, o ponto de vista transcendental necessariamente implica que falar das propriedades formais do espelho não pode ser logicamente distinto de falar das propriedades formais do espelhado. Por outro lado, para que espelhe o mundo, a lógica não pode espelhar nenhum mundo em detrimento de outros possíveis: não espelha este ou aquele mundo, nem esta ou aquela realidade. Ora, é das exigências desse ponto de vista que nasce a concepção – absolutamente crucial no primeiro sistema – dos *conceitos formais*. Estes vêm, então, responder pela necessidade de um ponto de vista que combine a visão da lógica como autônoma (isto é, não descritiva) e como transcendental, pois só assim ela pode servir de base para uma metafísica.

Qual tarefa pode caber, então, à filosofia? Não a de fornecer teorias sobre o que pode ser representado na linguagem, mas a de fornecer o esclarecimento lógico dos pensamentos, uma atividade que consiste essencialmente em elucidações (*T* 4.112). Como se verá, as elucidações do *Tractatus* dão lugar a uma espécie *sui generis* de metafísica, que se harmoniza perfeitamente com o estabelecimento da forma lógica *essencial* da proposição significativa. Se a perspectiva da lógica é a da essência de todo simbolismo, a da filosofia, entendida como metafísica derivada da lógica, deverá ser a da essência do que pode ser simbolizado. Em ambos os casos, teorias que procuram definir e discriminar formas positivas podem e devem ser dispensadas. Desde os *Notebooks*, Wittgenstein afirma que a questão representativa do aspecto mais importante de todos os problemas filosóficos, e a que encerra todas as obscuridades, é a de saber "em que realmente consiste a identidade entre os sinais (*Zeichen*) e as coisas significadas (*Bezeichneten*) (*NB*, p.3, 3 set. 1914). Se há, pois, uma tarefa da filosofia, essa deverá ser a de dar conta desse problema – e é na busca de sua solução que aparecem os conceitos formais.

É de grande importância ter em vista que toda a parte inicial do *Tractatus* – a que apresenta os conceitos de *coisa, estado de coisas, fato, substância do mundo* etc. – deriva das partes do primeiro sistema que foram elaboradas por último. Quando se compara o texto dos *Notebooks* com o do *Tractatus*, facilmente se nota que só à altura do aforismo 2.1515 começam temas já tratados nos *Notebooks*. Esse caráter tardio dos aforismos "ontológicos" é o mais forte indício de que a ontologia do *Tractatus* só veio a ser elaborada depois de Wittgenstein ter lapidado de modo conclusivo o conceito de "figuração". A ontologia do *Tractatus* apresenta os *conceitos formais* que buscam expressar a essência daquilo que pode e deve ser representado pelas proposições significativas, e, por essa razão, ela dá expressão à contraparte metafísica da lógica e de sua aplicação. Por outro lado, o aspecto não teórico da ontologia do *Tractatus* depende da compreensão do aspecto não teórico dos conceitos formais. A ontologia não é uma *teoria*, mas a expressão, por meio dos conceitos formais, de tudo aquilo que a aplicação da lógica deve poder "descobrir".

Para entender a tarefa da filosofia, é necessário também atentar para a distinção entre *proposições lógicas* e *proposições filosóficas*. As proposições *lógicas* são, como se viu, tautologias e contradições; elas são sem sentido (*sinnlos*), e sua função restringe-se a demonstrar propriedades lógicas das proposições. A única espécie de ligação que têm com o mundo se dá na esfera da *pressuposição*: as proposições lógicas pressupõem que nomes tenham significado assim como que proposições elementares tenham sentido (*T* 6.124). As proposições *filosóficas*, por seu turno, são contrassensos (*unsinnig*), e o são porque sua natureza comporta a virtude – ou talvez o irremediável defeito – de tentar dar expressão linguística ao que só pode ser mostrado. Mas elas "elucidam" alguma coisa e têm, por assim dizer, uma razão de ser, desde que sejam corretamente reconhecidas como contrassensos (*T* 6.54), não no sentido comum de proposições mal formadas, mas no de *insights* essenciais sobre o que não é da ordem dos fatos, sobre o que é metafísico.

Acontece que todas as proposições do *Tractatus* são proposições metafísicas. E fazer filosofia é "pretender dizer algo de metafísico", é extrair da lógica uma metafísica. Trata-se de uma tarefa paradoxal, visto que, para cumpri-la, é necessário infringir a própria condição da dizibilidade e empregar sinais que nada significam. Para fazer filosofia, é preciso sair da linguagem significativa, renunciar à referência dos sinais ao mundo e empregar tão somente conceitos formais, que não apontam para nada, que não têm conteúdo teórico, que não dão a conhecer nada de substancial ou positivo sobre o mundo. O paradoxo da tarefa do filósofo reside em que, para realizá-la, ele tem de trair aquele que seria "o método correto da filosofia", que seria "nada dizer senão proposições da ciência natural" (*T* 6.53). Ora, por que esse seria o *único* método correto? Certamente porque só ele poderia fazer jus aos resultados da investigação lógica da linguagem que representa o mundo e descobre, na existência necessária dos objetos, a fonte de toda a significatividade. Este seria, portanto, o limite que a filosofia a ser derivada da lógica teria de respeitar.

Por outro lado, seguir "o método correto da filosofia" – dizer apenas proposições da ciência natural – seria fazer "algo que nada tem a ver com a filosofia". Embora correto, tratar-se-ia de um método insatisfatório, uma vez que sua adoção não possibilitaria a sensação de que se aprende ou de que se ensina filosofia (*T* 6.53). Só resta, pois, uma saída: encontrar um modo de expressão não referencial para a metafísica. Essa é a saída genial que o *Tractatus* encontra na forja dos conceitos formais. A outra face da não significatividade desses conceitos e das proposições que os expressam revela, portanto, sua dignidade metafísica.

* * *

No aforismo 4.126, do *Tractatus*, Wittgenstein apresenta a noção crucial de *conceitos formais*, intrinsecamente vinculada à concepção de *propriedades internas* e de *relações internas*, apresentadas nos aforismos imediatamente anteriores. Propõe que se fale de conceitos formais *no mesmo sentido* em que se fala de propriedades e de relações internas. A concepção dos conceitos formais e das propriedades e relações internas – que marca a singularidade do *Tractatus* no tratamento das questões lógicas e filosóficas – nasce de distinções conceituais que revelam divergências quanto às concepções de Frege e de Russell acerca da lógica e de seu vínculo possível com a filosofia.

De acordo com Wittgenstein, a introdução da expressão "conceitos formais" visa ao esclarecimento do que "funda a confusão" entre estes e o que ele chama de "conceitos propriamente ditos" – de modo similar, diz que introduz as expressões "propriedades internas" e "relações internas" para mostrar "o que funda a confusão" entre as relações internas e as "relações propriamente ditas (externas)" (*T* 4.122). Como a distinção entre os conceitos formais e os conceitos propriamente ditos é tributária da distinção entre as propriedades e relações internas e externas – apresentadas em primeiro lugar –, é pela elucidação da última que convém iniciar.

Para Wittgenstein, podemos, "em certo sentido", falar de propriedades formais dos objetos e dos estados de coisas, o que permite falar de propriedades da estrutura dos fatos. No "mesmo sentido", podemos também falar de relações formais e relações entre estruturas. Uma propriedade de estrutura é denominada por ele de "propriedade interna", e uma relação entre estruturas, de "relação interna" (T 4.122). Tais propriedades e relações internas devem ser completamente distintas das propriedades ou das relações propriamente ditas ou externas. Sobre as propriedades e as relações internas, Wittgenstein elucida os seguintes pontos:

(1) A propriedade interna de um fato é chamada de "traço" (*Zug*) desse fato (T 4.1221);

(2) A propriedade interna de um objeto é considerada essencial ou necessária ao objeto: ela só será interna se for *impensável* que seu objeto não a possua (T 4.123);

(3) A presença (*das Bestehen*) de uma propriedade interna em uma situação – assim como a presença de uma relação interna entre dois objetos ou entre situações – não pode ser expressa por proposições que tenham sentido e às quais se possa atribuir um valor de verdade (T 4.124; 4.125);

(4) Mas a *presença* de propriedades e relações internas "mostra-se" nas proposições (com sentido) que representam estados de coisas e tratam de objetos (T 4.122; 4.124; 4.125).

(5) Uma *propriedade interna* é identificada a uma *propriedade formal*. Por conseguinte, do mesmo modo que a presença de uma propriedade interna não pode ser expressa por proposições que tenham sentido, não se pode dizer que algo possui ou não possui tal ou tal propriedade formal. Não se pode adjudicar uma propriedade interna a uma proposição, nem abjudicar uma propriedade formal de uma proposição na proposição, a propriedade formal deve "mostrar-se" como um "traço" (*Zug*) essencial da proposição (T 4.124).

(6) Assim como é um contrassenso atribuir (ou não) propriedades formais a algo, também é um contrassenso atribuir propriedades internas a determinadas formas e tentar, por exemplo, distinguir uma forma de outra pela presença de distintas propriedades (T 4.124; 4.1241).

É interessante notar que o *sentido* em que se pode falar de propriedades e relações internas, que é o mesmo pelo qual é possível falar dos conceitos formais, não encerra a perspectiva do que pode *ser dito*, isto é, do que pode ser objeto de um discurso significativo. Encerra, isto sim, a perspectiva do que pode apenas *ser mostrado* – aliás, toda a apresentação desses conceitos segue-se à bem conhecida afirmação do *Tractatus* de que "o que *pode* ser mostrado não *pode* ser dito" (T 4.1212). Isso indica que a distinção entre propriedades e relações *internas* e propriedades e relações *externas* está intimamente ligada àquela entre dizer e mostrar, que é a espinha dorsal do sistema do *Tractatus*. Apenas as propriedades e as relações propriamente ditas, ou externas, podem ser de fato "ditas", isto é, podem ser expressas por proposições com sentido, ao passo que propriedades e relações internas só podem ser "expressas", de um modo não referencial, por proposições que empregam conceitos formais.

Com esse *insight*, Wittgenstein pretende ter liquidado a polêmica quanto a serem "todas as relações internas ou externas" (T 4.1251). Na interpretação de Black, esse aforismo contém uma possível referência de Wittgenstein ao ensaio de Gordon Earl Moore, "External and Internal Relations",[18] que, dirigido contra "o dogma das relações internas", foi mantido por Francis Herbert Bradley e outros

---

[18] MOORE, G. E. "External and Internal Relations". In *Philosophical Studies*. Paterson, New Jersey: Littlefield, Adams & CO, 1959. p.276-309 (publicado pela primeira vez em 1922).

lógicos idealistas. Não é este o momento de investigar até que ponto a distinção de Wittgenstein segue a estabelecida pelo ensaio de Moore, já que a manutenção e a relevância das relações internas, vital ao sistema do *Tractatus*, já se encontra nos *Notebooks*, escritos bem antes do referido ensaio. Como logo se verá, o interesse deste estudo na defesa das relações internas tem como alvo único elucidar de que maneira essa posição diverge claramente da posição de Russell, que a seu modo mantém, por assim dizer, o "dogma das relações externas". Por ora, importa apenas ressaltar que Wittgenstein concebe as relações internas e externas como *essencialmente* diferentes – ou, para empregar uma feliz expressão de Black, que ele não as concebe como "espécies do mesmo gênero".[19] Como, para Wittgenstein, as relações internas e externas não estão no mesmo plano, ele procura, com a distinção entre elas, liquidar a polêmica entre aqueles que, reduzindo-as ao mesmo plano conceitual, vêem-se no direito de falar da natureza de "todas" as relações.

As propriedades e as relações internas só podem ser "mostradas" *no que é dito*, nas expressões que representam situações e tratam de objetos, ou seja, nas proposições com sentido, nas quais as relações entre os constituintes são externas ou contingentes. A paradoxal função dos conceitos formais é, pois, dar lugar à expressão daquilo que só pode ser mostrado (e jamais dito) pelas proposições da linguagem.

Após o esclarecimento das propriedades e relações internas, e considerando a sequência de aforismos que vai de 4.126 a 4.1271, podem-se destacar as seguintes notas características dos conceitos formais:

(1) "Conceitos formais" são categorialmente distintos dos "conceitos propriamente ditos" (*T* 4.126).

---

[19] BLACK, M. *A Companion to Wittgenstein's 'Tractatus'*, op. cit., p.198.

(2) Que algo seja acolhido por um conceito formal como seu objeto não pode ser expresso por uma proposição, mas tal fato *mostra-se* no próprio sinal desse objeto: o nome mostra que designa um objeto; o numeral, que designa um número (*T* 4.126).

(3) Os conceitos formais não podem ser representados por uma função, como os conceitos propriamente ditos, pois suas notas características, que são as propriedades formais, não podem igualmente ser expressas por funções (*T* 4.126). Com isso, fica claro que "conceitos propriamente ditos" são, para Wittgenstein, unicamente aqueles que podem ser expressos por uma função, isto é, por uma configuração simbólica cujo valor será sempre um valor de verdade. Se as "notas características" dos conceitos formais são "propriedades formais", tudo o que foi elucidado acerca das propriedades formais (ou internas) aplica-se, agora, aos conceitos formais. E que ambos, propriedades e conceitos formais, não possam ser expressos por funções proposicionais significa que todas as expressões que os contêm não possuem virtude significativa: são pseudoproposições, que não veiculam nenhum tipo de conhecimento positivo. Ou seja, a inefabilidade dos conceitos formais funda-se na inefabilidade das propriedades formais.

(4) A expressão da propriedade formal é um "traço" de certos símbolos, isto é, de todos os símbolos que se abrigam sob o conceito formal (*T* 4.126). Em outras palavras, os conceitos formais devem permitir que as propriedades formais sejam concebidas como *traços* que devem ser comuns a todos os símbolos que podem ser por eles subsumidos. E que as propriedades formais dos símbolos sejam traços internos ou essenciais a eles implica a possibilidade de tais propriedades serem reconhecidas pelos próprios símbolos. Essa observação vai ao encontro da anterior, que afir-

mava a impossibilidade de atribuir (ou não) uma propriedade formal seja lá ao que for. Nada que se caracterize como essencial ao símbolo pode ser a ele atribuído, já que reconhecer um símbolo significa fazê-lo por meio de seus traços essenciais.

(5) A expressão do conceito formal é uma variável proposicional; esta designa o conceito formal, e seus valores, os objetos que são abrangidos pelo conceito. Toda variável é o sinal de um conceito formal e representa uma forma constante que todos os valores têm, sendo essa forma constante entendida como propriedade formal desses valores (T 4.126; 4.127; 4.1271). Em clara contraposição a Frege e a Russell, Wittgenstein defende a tese de os conceitos formais serem representados na ideografia por variáveis, as quais, segundo ele, representavam os conceitos formais por funções ou classes (T 4.1272). A razão da ênfase wittgensteiniana na concepção de os conceitos formais *não* poderem ser representados por funções justifica-se pela recusa, da visão de Frege e de Russell, de que as proposições da lógica que apresentam conceitos formais tenham qualquer conteúdo ou valor cognitivo acerca da linguagem ou da realidade. Para Wittgenstein, porém, o símbolo correto de um conceito formal deve ser uma variável proposicional, e não uma função proposicional, que é símbolo correto apenas para os "conceitos propriamente ditos".

(6) O conceito formal já é dado com um objeto que ele abrange; não se podem introduzir objetos de um conceito formal *e* o próprio conceito formal (T 4.1271). Isso significa que seria absurda a subsunção de instâncias por um conceito formal como objeto de discurso, já que o discurso da "subsunção" só poderia se constituir no intervalo fictício entre o conceito formal e os objetos por ele compreendidos. Mas, para

Wittgenstein, definir um conceito formal significa já identificar todas as suas instâncias, uma vez que sua função é apresentar os traços essenciais de tudo que ele abarca.

Essa concepção não tética dos conceitos formais e das expressões que os empregam explica o estatuto das proposições lógicas como sem sentido (*sinnlos*), e das proposições filosóficas como contrassensos (*Unsinn*). Na sintaxe lógica, os conceitos formais devem dar lugar a *traços internos*, essenciais dos símbolos – por exemplo, indicar a bipolaridade como o traço essencial do conceito de proposição. Na ontologia, os conceitos formais devem dar lugar a *traços formais essenciais* do que pode ser simbolizado – por exemplo, a relação interna entre os objetos e os estados de coisas de que podem fazer parte como traço essencial do conceito formal de objeto ou coisa, e assim por diante. Interessa, de modo especial a este livro, a perspectiva na qual os conceitos formais de "nome" e de "proposição elementar" correspondem, respectivamente, aos de "objeto" e "estado de coisas elementar".

Os conceitos formais não correspondem a nenhum tipo de classificação, ordenação ou divisão de entidades. Os conceitos formais operam dissecções sintáticas na estrutura da linguagem, que refletem dissecções ontológicas na estrutura da realidade, mas não correspondem a nenhuma classificação de formas ou de tipos. Para Wittgenstein, a distinção entre categorias sintáticas e ontológicas não tem caráter classificatório, não é apresentada como uma teoria acerca de tipos de realidade etc. Por conseguinte, não há tipos ontológicos superiores, inferiores etc. "As hierarquias", propõe Wittgenstein no aforismo em que expõe o conceito de *realidade empírica*, "são e devem ser independentes da realidade" (*T* 5.5561). Essa é a razão pela qual a ontologia do *Tractatus* – inteiramente apresentada por meio de conceitos formais – não foi concebida como uma "teoria acerca de coisas, propriedades etc." Os conceitos formais da ontologia não "enunciam" nada acerca da realidade, cumprem apenas a função de introduzir as condições de possibilidade internas e formais a toda e qualquer realidade que possa ser logicamente simbolizada, isto é, afigurada pelas proposições.

* * *

Ao longo da reflexão do dia 3 de setembro de 1914, dos *Notebooks*, Wittgenstein formula uma série de perguntas que, livremente ordenadas, resumem-se a:

1. "É tal e tal fato da forma sujeito-predicado?"
2. "A forma sujeito-predicado existe?"
3. "A forma relacional existe?"
4. "'A é bom' é uma proposição na forma sujeito-predicado?"
5. "'A é mais claro que *B*' é uma proposição relacional?"
6. "É um ponto em nosso campo visual um *objeto simples*, uma *coisa*?"
7. "Existe uma análise completa?"

Wittgenstein declara que sempre considerou tais perguntas "propriamente filosóficas". Elas indagam acerca de *formas*: a forma de um fato, a forma de certas expressões da linguagem corrente, a forma de um objeto simples. Em sua visão, tais perguntas envolvem dificuldades intransponíveis. Diante dessa aporia labiríntica – trata-se, afinal, de coisas que devemos saber sem que saibamos onde procurá-las –, o veredicto do jovem Wittgenstein, escrito no dia seguinte àquele, é:

> Se a lógica pode ser completada sem responder certas perguntas, então ela *deve* ser completada *sem que* elas sejam respondidas. (*NB*, p.3, 4 set. 1914)

Contudo, no Prefácio do *Tractatus*, Wittgenstein afirma que "o livro trata de problemas filosóficos" e mostra que "a formulação desses problemas repousa sobre o mau entendimento da lógica de nossa linguagem". Em seguida, refere-se à distinção entre o *dizer* e o *mostrar* como a correta apreensão de "todo o sentido do livro". Também no Prefácio, expressa a opinião de que resolveu "de vez" os problemas. Como se sabe, a solução de um problema consiste, a seus olhos, em fazê-lo desaparecer: solucionar é dissolver. Como, então, o *Tractatus* "resolve" as antigas "perguntas filosóficas"? Como nele se desfaz a antiga tensão entre a autonomia da lógica e a tarefa da filosofia? Será que a solução foi encontrada na separação entre a lógica e sua aplicação?

Se nos contentamos em responder "sim" à última pergunta, corremos o risco de pensar que a separação entre a lógica e sua aplicação não passou de estratégia astuta para ocultar as verdadeiras dificuldades. Por essa razão, creio que a solução dos antigos problemas é encontrada quando a concepção transcendental da lógica combina-se perfeitamente com a invenção dos conceitos formais. O fato de a ontologia ter sido a última parte concebida do primeiro sistema mostra que, dos *Notebooks* ao *Tractatus*, Wittgenstein evolui para formular a correspondência entre os conceitos formais da sintaxe lógica e os da ontologia. E, no que respeita de perto nossas investigações, os conceitos formais que iluminam a sintaxe mais elementar das proposições interessam de modo especial. Dessa correspondência nasce uma perspectiva inédita, na qual se pode estipular como necessária a isomorfia entre *linguagem* e *realidade*, sem que nenhuma forma lógica de correspondência reste determinada. Engendrados no ideal de uma lógica não normativa e não descritiva, os conceitos formais não fixam nenhuma regra de representação da realidade pela linguagem. Seja na lógica, seja na filosofia, cabem a esses conceitos dar lugar ao caráter *transcendental* da *atividade de afigurar* ou ao *fato da figuração*. Se a conexão entre a linguagem e a realidade é inteiramente estabelecida por meio de relações internas entre ambas, ela não pode ser realizada fora da figuração. Apenas na figuração o mundo pode ser dado *na* linguagem; somente na figuração, a linguagem *faz* mundo.[20]

Ora, o único sentido em que é possível empregar o termo *a posteriori* na aplicação da lógica parece ser o de que ela depende do *fato* da figuração: é *esse* fato que a lógica não pode antecipar e o qual só vem com sua aplicação. Com isso, não se resolve, contudo, *nosso* problema, pois presumimos que existam condições, de algum modo *a priori, que possibilitem as figurações.* Quais são elas e como podem ser descritas são temas do próximo capítulo.

---

[20] Expressão emprestada de Francis Wolff. *Dizer o mundo.* Trad. bras. de Alberto Alonso Muñoz. São Paulo: Discurso Editorial, 1999. p.9.

2

O pré-figurativo e a figuração

O primeiro capítulo explicitou uma dificuldade no *Tractatus*: a de caracterizar "o que vem com a aplicação" da lógica, seja como algo *a priori*, seja como algo *a posteriori*. Essa dificuldade foi creditada à existência de uma lacuna conceitual que poderia dar lugar a um fundamento pré-figurativo da linguagem, com base no qual as condições transcendentais da aplicação da lógica seriam elucidadas de acordo com o *Tractatus*. Viu-se também que, desde os primeiros escritos, Wittgenstein vinculava a tarefa da filosofia à possibilidade de uma análise última da linguagem – indício de que, a seus olhos, caberia à filosofia contribuir para o esclarecimento das condições dessa análise e daquilo que ela poderia ou deveria descobrir. Neste capítulo, tentarei mostrar que, a seu modo, Wittgenstein cumpre a tarefa que atribui à filosofia quando apresenta, logo nos primeiros aforismos, os conceitos formais da chamada "ontologia" do *Tractatus* – e, no que diz respeito ao tema específico deste livro, os conceitos formais que dão lugar à contraparte ontológica das proposições elementares. Com efeito, para o primeiro Wittgenstein, a filosofia consiste em lógica e metafísica, sendo a lógica sua base. Fiel a essa concepção de filosofia, tentarei mostrar que o conceito de *substância do mundo* apresenta todas as notas características de um genuíno pré-figurativo da figuração, e , no *Tractatus*, que o jogo entre estes dois conceitos remete-nos diretamente à obra de Arthur Schopenhauer.

A substância do mundo

O conceito de *substância do mundo* só é introduzido no *Tractatus* depois do conceito de *objeto simples*, com o qual se encontra intrinsecamente relacionado: os objetos, diz Wittgenstein, constituem a substância do mundo e, por isso, não podem ser compostos (*T* 2.021). Em plena conformidade com o ideal de que é possível uma análise completa da linguagem e com a ideia de que o processo de análise tem um fim quando chega às proposições elementares, a substância do mundo é concebida como *a* condição de possibilidade do sentido e da figuração: "se o mundo não tivesse substância", defende Wittgenstein, "ter ou não sentido uma proposição dependeria de ser ou não verdadeira uma outra proposição" (*T* 2.0211). E prossegue: "seria então impossível traçar uma figuração do mundo (verdadeira ou falsa)" (*T* 2.0212). É na qualidade de condição de possibilidade da figuração que tentarei caracterizar a substância do mundo como o pré-figurativo do *Tractatus*.

Pode-se dizer que o conceito de *figuração* é o que melhor define o conceito de *proposição elementar*, já que tanto um quanto outro são apresentados em conexão direta com a realidade.[1] A figuração é concebida como "uma régua aposta à realidade", que "vai até a realidade", que "se enlaça" com ela, e cujos "pontos mais externos" de suas marcas "*tocam* o objeto a ser medido" (*T* 2.1511; 2.1512; 2.15121). Para saber se uma figuração é verdadeira ou falsa, deve-

---

[1] Wittgenstein afirma nos *Notebooks*: "Antes de tudo, a forma proposicional elementar afigura; toda figuração ocorre por meio dela" (*NB*, p.22).

mos compará-la com a realidade (*T* 2.223). A substância do mundo é, então, a condição de que a verdade de uma proposição elementar não dependa da verdade de outra proposição e possa, por isso mesmo, ser diretamente comparada com a realidade. Porém ela é também a condição de que a proposição tenha o sentido que tem, independentemente de ser verdadeira ou falsa. Pode-se dizer que, no plano da representação imediata da realidade, o conceito de substância do mundo vem responder a três exigências ligadas ao conceito de proposição elementar: a da bipolaridade essencial, a da independência lógica e a da determinabilidade do sentido.

Tradicionalmente, os filósofos falam da substância como *algo*, como uma *entidade simples*; alguns falam em uma pluralidade de substâncias, outros concebem espécies distintas de substâncias – Aristóteles distingue entre a substância primeira e a substância segunda; Descartes distingue entre substância pensante e substância extensa. No *Tractatus*, porém, não há "substâncias" no plural, mas tão somente *a substância do mundo*. Em todos os aforismos em que aparece, o conceito é expresso pelo singular (*T* 2.021; 2.0211; 2.0231; 2.0234; 2.025). A substância do mundo é constituída pelos objetos (*T* 2.021), ou melhor, pela *totalidade dos objetos*, como oposta à totalidade dos fatos (*T* 1.1). A definição da substância como totalidade não parece implicar que seus constituintes sejam substâncias individuais, no sentido aristotélico da expressão; seria arriscado dizer, por exemplo, que um objeto simples está por *uma* substância no *Tractatus*. A substância do mundo constitui-se de objetos simples, mas o que a define é a totalidade desses objetos. Isso significa que ela não é simples; simples são os constituintes dos quais ela é a totalidade.

Se é correto dizer que o conceito de substância do mundo, forjado no plano ontológico, corresponde ao de totalidade dos nomes, no plano simbólico, também é correto dizer que, do mesmo modo que a totalidade dos nomes não constitui a linguagem, também no plano ontológico a totalidade dos objetos (coisas) não constitui o mundo, que é definido pela totalidade dos fatos. A totalidade das coisas não admite recortes, perspectivas, do mesmo modo que a totalidade dos nomes não admite figuração. É curioso notar que, com essas totalidades, não se está diante de uma realidade determinada. Por isso, quando Wittgenstein diz que "dados todos os objetos, com isso estão dados também todos os *possíveis* estados de coisas" (*T* 2.0124), ele faz a ênfase cair sobre a ideia de possibilidade: o que a totalidade dos objetos pode determinar é a totalidade das possibilidades de suas combinações. No entanto, diante de *todas* as possibilidades, não se está, na verdade, diante de *nenhuma*. E isso ajuda a esclarecer por que o sentido de uma proposição é como uma flecha (*T* 3.144): aponta para uma região determinada do espaço lógico, implica a *escolha* de uma entre todas as possibilidades de combinação dos objetos.

Ao apresentar o conceito de substância do mundo, Wittgenstein traça uma distinção entre a "forma fixa do mundo" e a variabilidade ou instabilidade das "configurações" (*T* 2.026; 2.0271). A primeira delas é vinculada à existência de objetos: "só havendo objetos pode haver uma forma fixa do mundo" (*T* 2. 026); e a configuração dos objetos, sendo a maneira determinada pela qual se vinculam no estado de coisas, constitui a estrutura do estado de coisas (*T* 2.0272; 2.031; 2.032). Tudo indica que a *forma fixa do mundo* seja determinada pelas propriedades internas dos objetos – os quais também têm propriedades externas (*T* 2.01231) – e que ela seja a única que a substância do mundo pode determinar. Pois Wittgenstein afirma que "a substância do mundo só *pode* determinar uma forma, e não propriedades materiais", com base na premissa de que as propriedades materiais "são representadas apenas pelas proposições – são constituídas apenas pela configuração dos objetos" (*T* 2.0231).

Ora, se Wittgenstein também afirma que a substância do mundo "é forma e conteúdo" (*T* 2.025), por que ela só pode determinar uma forma? Tratar-se-ia aqui de uma forma que determina o conteúdo, mas que só pode ser dada com ele? Parece que sim, e a chave para entender essa relação está na ideia de que cada coisa possui propriedades internas que são fixas e dadas por sua própria natureza. Se isso é correto, então se pode dizer que, para Wittgenstein, são essas propriedades internas que legitimam a *relação interna* da coisa com os estados de coisas de que pode fazer parte. E, então, a forma que a substância do mundo *pode* determinar não é outra senão a própria "forma" do objeto, isto é, a possibilidade de seu aparecimento em estados de coisas (*T* 2.0141). A substância é forma e conteúdo, porque os objetos que a constituem só podem ser dados em configurações, mas há um ponto de vista do qual a forma fixa, essencial de cada objeto, possibilita suas combinações e, portanto, suas aparições em estados de coisas. Por outro lado, a forma fixa da substância do mundo não pode ser representada por proposições – e isso está conforme o princípio, já considerado no capítulo anterior, de que as propriedades internas e as relações internas não podem ser expressas ou descritas por proposições com sentido, mas apenas por pseudoproposições que empregam conceitos formais. Embora não possa ser descrita, a forma fixa da substância do mundo pode ser *mostrada* pelas configurações nas quais os objetos aparecem. E como ela é inteiramente fundada nas propriedades internas dos objetos, é *necessária* e, nessa medida, garante a legitimidade da aparição dos objetos em estados de coisas.

Para representar uma configuração que pode ou não existir, a ligação entre os objetos não pode, contudo, ser concebida como relações internas, mas somente como relações externas, já que só estas podem ou não se efetivar. No entanto, para serem *logicamente* possíveis, as relações externas entre os constituintes da configuração dependem, por seu turno, de que cada constituinte esteja em relação interna com essa configuração. É assim que, entre a coisa e os estados de coisas de que pode fazer parte, há uma *relação interna*, que é a condição de possibilidade das *relações externas* entre as coisas no estado de coisas. Assim, é uma *possibilidade* lógica que as coisas estejam ou não combinadas de determinada maneira; mas é uma *necessidade* lógica que as possibilidades de combinação das coisas constituam relações internas entre elas e os estados de coisas de que podem fazer parte. É precisamente para esse princípio que apontam os aforismos numerados de 2.011 a 2.0121, e é com base nele que Wittgenstein pode afirmar que o que é lógico não é "meramente possível" (*T* 2.0121). A forma do objeto é a possibilidade de seu aparecimento em estados de coisas (*T* 2.0141). Essa forma, que é dada pela natureza do objeto, é a forma fixa da substância do mundo, ao passo que a combinação dos objetos *entre si* é a perspectiva da *configuração*, da *estrutura* do estado de coisas (*T* 2.026; 2.027; 2.0271; 2.0272). Só assim se pode entender que a forma – fixa – da substância do mundo é a possibilidade da estrutura – variável e instável – do estado de coisas (*T* 2.033).

Se proposições que afirmam relações internas entre os objetos – como aquela em que Wittgenstein afirma a relação entre duas tonalidades de azul (*T* 4.123) – não são proposições significativas, uma vez que, se dois objetos estão em relação interna, é impensável que eles não estejam nessa relação – e seria, portanto, impensável que a proposição que a expressa pudesse ser falsa. Ou seja, se as ligações entre os objetos no estado de coisas fossem concebidas como relações internas entre eles, como as proposições que as representam poderiam ser falsas? A menos que se admitam relações internas que podem não se realizar – o que resultaria, nos termos do *Tractatus*, em uma contradição –, as ligações dos objetos nos estados de coisas não podem ser internas. Desse modo, a configuração apresenta uma combinação possível de objetos, no seguinte sentido: ela é logicamente possível, porque os objetos que nela se encontram estão em relação interna com essa configuração. No entanto, ela pode ser falsa, porque, embora os objetos possam *estar* nessa configuração, eles podem também *não estar*. Assim, que os objetos não estejam na configuração que a proposição representa é uma possibilidade lógica legítima. O que é impossível é um objeto estar em uma configuração na qual ele *não* poderia estar: é impossível ele aparecer em um estado de coisas cuja possibilidade não esteja *prejulgada* nele (*T* 2.012).

Ao afirmar que "o fixo, o subsistente e o objeto são um só" (*T* 2.027), Wittgenstein sugere que o objeto não necessita da configuração para ser *o que* ele é, muito embora só em uma configuração, ou seja, só em uma proposição, seja possível saber *como* ele é (*T* 3.221). Assim, pode-se dizer que o objeto segue subsistindo com suas propriedades internas ou formais mesmo que as configurações nas quais aparece como constituinte não existam. Então, *que* o objeto seja não depende de *como* ele seja, isto é, de *como* ele apareça vinculado com outros objetos em uma configuração. Desse modo, o fato de a configuração existir – de a proposição que a descreve ser verdadeira – não confere ao objeto nenhuma propriedade interna ou formal nova que possa ser incorporada à sua natureza. Os objetos continuam sendo o que são, independentemente de suas possíveis ligações se realizarem. São fixos, porque têm uma natureza fixa, que não se corrompe nem desaparece na faticidade do mundo. Na natureza do objeto está contida, *a priori*, cada uma das possibilidades de seu aparecimento em estados de coisas: não se pode "encontrar depois", isto é, *a posteriori*, uma "nova" possibilidade (*T* 2.0123). Isso se dá porque a natureza do objeto consiste em suas propriedades internas, e não em suas propriedades externas. Não é, portanto, da configuração com outros que um objeto adquire uma natureza.

Entretanto, se a natureza do objeto não depende da configuração, o contrário não é verdadeiro, pois não se pode dizer que a configuração independa da natureza dos objetos que nela aparecem. Nos *Notebooks*, Wittgenstein pondera:

> Uma figuração pode representar relações que não existem!!! Como isso é possível? ... Agora parece, novamente, que todas as relações deveriam ser lógicas, para que sua existência fosse garantida pela do sinal. (*NB*, p.8, 30 set. 1914)

É por serem lógicas que as relações entre os constituintes da figuração podem ser contingentes. O termo "relação" (*Beziehung*), aqui empregado, corresponde ao termo *Verbindung* do *Tractatus*, que se traduz como "ligação" dos objetos nos estados de coisas (*T* 2.01; 2.0121), e como "ligação" de nomes na proposição (*T* 4.0311; 4.221). Pode-se dizer que a marca característica desse conceito está em designar uma relação externa entre os constituintes dos estados de coisas, fundada em uma relação interna desses constituintes com os estados de coisas. Só assim uma ligação pode ser essencialmente contingente sem ser "meramente possível".

Classicamente, o conceito de substância envolve a ideia de algo *subsistente*, que existe em si e por si. Tal é, por exemplo, o caso do conceito de *substância primeira* em Aristóteles, definida como "aquela que nem se afirma de algum subjacente nem está em algum subjacente", isto é, como "a coisa individual que serve de substrato a todas as suas propriedades e de sujeito a todos os seus predicados".[2] A característica da subsistência indica que se trata não de um ser *em* outro, nem de um ser *com* outro, sob a forma de uma dependência ou princípio (ou coprincípio) substancial, mas de um ser que existe em si e por si. No entanto, no *Tractatus* lemos:

> A coisa é autossuficiente na medida em que pode aparecer em todas as situações *possíveis*, mas essa forma de autossuficiência é uma forma de vínculo com o estado de coisas, uma forma de não ser autossuficiente... (É impossível que palavras intervenham de dois modos diferentes, sozinhas e na proposição.) (*T* 2.0122)

---

[2] ARISTÓTELES. *Categorias*. Cap. V, 2a 11-9. Trad. Lucas Angioni. In: *Ontologia e predicação em Aristóteles*, Coleção Textos Didáticos, IFCH/Unicamp, n.41, fev. 2000, p.59 e 172.

Como autossuficiente, a coisa é definida pelo poder de aparecer em todas as situações possíveis, e esse poder lhe confere autossuficiência apenas à medida que se origina de sua própria natureza. Nesse sentido, pode-se dizer que a coisa não é *em* outra. No entanto, como essa forma de autossuficiência define-se como uma forma de vínculo com as situações em que a coisa pode aparecer, trata-se de uma forma de não ser autossuficiente. É interessante notar que o ponto de vista do qual a coisa não é *em* outra é o mesmo que oferece a possibilidade de ela ser *com* ou *entre* outras.

Estaríamos diante de uma nova metafísica do ser enquanto ser? Estaria o conceito de substância do mundo exprimindo a ideia de um ser em si último, irredutível, uma espécie de *primo ens* do qual tudo o mais consiste? A seguir, tentarei mostrar que o conceito de substância do mundo não pode ser entendido senão quando originado de certas exigências impostas pelo ideal de análise última e, quando fala de um "simples irredutível" ou de um "elemento do ser" (*NB*, p.62), Wittgenstein inaugura não uma nova teoria ontológica acerca da constituição última da realidade, mas uma nova maneira de apresentar o conceito de realidade, inteiramente concebido em sua lógica e no qual o que aparentemente faz as vezes de *primo ens* transfigura-se em correlato simples de um nome, em um simples "significado" (*Bedeutung*).

Embora não apresentem o termo "substância", os *Notebooks* incluem várias passagens que tratam dos constituintes simples, dos problemas inerentes ao ideal de análise última, além de observações interessantes e iluminadoras do tipo de exigência que o conceito vem responder no sistema.

Desde os *Notebooks*, a ideia do simples aparece vinculada aos conceitos de "coisa" (*Ding*), de "correlação simples" (*einfachen Zuordnung*) entre um sinal e algo sinalizado e de "significado" (*Bedeutung*): dizer "'x' é simples" equivale a dizer tanto que "'x' é uma coisa" quanto que "'x' tem significado" (*NB*, p.45, 6 maio 1915).

Os sinais simples são aqueles que "têm imediatamente um significado" (*NB*, p.46, 9 maio 1915) e devem ser concebidos como um "protótipo" (*Urbild*) do mais simples que a análise deve atingir e se pode significar (*NB*, p.47, 11 maio 1915). O simples aparece também como algo indivisível, que não tem extensão, uma vez que a extensão garantiria a divisibilidade (*NB*, p.51, 25 maio 1915) – é claro que essa indivisibilidade não é física, mas semântica, isto é, o significado é simples no sentido em que ele não precisa ser mais desmembrado, seja em definições, seja em outros significados. Se os sinais simples designassem algo que pudesse ser ainda desmembrado, então a proposição elementar não poderia constituir o ponto final da análise.

A existência do simples aparece como um *a priori*, como uma "necessidade lógica", desde que ela já está contida nas ideias de complexo e de análise: o simples, considera Wittgenstein, está *prejulgado* no complexo (*NB*, p.60, 14 jun. 1915). Essa observação é crucial para entender que o simples só o é na perspectiva do complexo que o posiciona como tal, e a ela está ligada a afirmação do *Tractatus* de que "só no contexto de uma proposição um nome tem significado" (*T* 3.3). Nos *Notebooks*, Wittgenstein atribui aos nomes duas características fundamentais: (1) eles "sinalizam o comum a *uma* forma e a *um* conteúdo"; (2) mas "somente *com* seu emprego sintático eles sinalizam uma forma lógica *determinada*" (*NB*, p.52-3, 30 maio 1915; *T* 3.327).

Não é sem dificuldade – e também sem certo espanto – que Wittgenstein constata que a virtude dos nomes reside em eles permitirem contemplar tudo o que se vê como coisas e como coisas simples: "De onde vem o sentimento de que posso coordenar a tudo que vejo – a esta paisagem, à dança das partículas no ar – um nome? Ora, o que deveríamos chamar de nome, senão isso?" (*NB*, p.53, 30 maio 1915). O que parece instigar o jovem Wittgenstein é a simplicidade *semântica* que inevitavelmente se produz por obra e graça do emprego de sinais simples na linguagem, esse poder que os nomes têm de *tornar* simples objetos de composição aparentemente complexa. Mas a visão de objetos espaciais complexos como coisas essencialmente simples, e sua designação por meio dos nomes, analisa Wittgenstein, "parece mais que um mero truque linguístico", já que, como correlato de nomes, eles "aparecem realmente como coisas" (*NB*, p.47, 13 maio 1915). É o que acontece quando se designa um livro (*NB*, p.50, 23 maio 1915), as estrelas ou um relógio:

> Parece-me perfeitamente possível que superfícies em nossa figuração visual (*Gesichtsbild*) sejam objetos simples nos quais, na verdade, não percebemos nenhum ponto singular da superfície separadamente; as figurações visuais das estrelas certamente parecem ser assim. Se digo, por exemplo, este relógio não está na gaveta, não há absolutamente nenhuma necessidade para que *se siga logicamente*, que uma roda que há no relógio não esteja na gaveta, pois talvez eu *absolutamente não soubesse* que a roda estava no relógio e, assim, eu não poderia ter significado com "este relógio" o complexo no qual a roda se encontra. (*NB*, p.64-5, 18 jun. 1915)

Mais que um "truque linguístico" para tornar simples o que é complexo, o nome não contém nenhuma menção ao complexo. Da proposição na qual o objeto aparece *como* simples, não se seguem logicamente outras proposições que, por assim dizer, estendam o sentido da declaração original a outras que enfocariam sua eventual complexidade. A nomeação implica justamente que o nomeado não seja um complexo. Por complexo que um relógio seja – tem uma estrutura, um mecanismo, uma aparência complexa –, o que "se sabe" dele *como* objeto simples não implica logicamente nada que se poderia "saber" acerca dele *como* um objeto fisicamente complexo. Em outra passagem, Wittgenstein chama a atenção para esse aspecto:

> Queremos agora saber se esse relógio corresponde realmente a todas as condições para ser um "objeto simples"! ... Na verdade,

a questão é: para conhecer o tratamento sintático de um nome, preciso conhecer a composição de seu significado? Se sim, então toda a composição também já se expressa em proposições não analisadas ... (*NB*, p.60, 16 jun. 1915)

Essa noção de "composição do significado", só encontrável nos *Notebooks*, reaparece na afirmação de que o nome "concentra em um, [sic] todo seu significado complexo" (*NB*, p.71, 22 jun. 1915). É interessante notar que a ideia de "composição do significado" ou de "significado complexo" não se refere a uma eventual definição do objeto como um objeto complexo, mas à possibilidade de se dizerem muitas e variadas coisas acerca do objeto, isto é, à possibilidade de um mesmo sinal simples aparecer em numerosas proposições sem que haja uma relação de consequência lógica entre elas. Preserva-se com isso a ideia de que o entendimento de um sentido proposicional elementar não requer outras proposições sobre seus constituintes. Que a ideia de "composição do significado" esteja ligada à possibilidade de um mesmo nome aparecer em distintas proposições com sentidos independentes entre si é também sugerido pela seguinte passagem:

> Quando digo que este relógio é brilhante e o que quero dizer com "este relógio" muda no pormenor, então, com isso, muda não só o sentido da proposição no seu conteúdo, mas imediatamente muda *também*, em seu sentido, *a declaração sobre este relógio*. (*NB*, p.61, 16 jun. 1915)

Cada declaração acerca de um objeto altera o que se "quer dizer" (*meinen*) sobre ele. Mas, em cada declaração diferente, o significado do nome só se especifica como parte daquele sentido determinado. Essa é a razão por que a ideia do simples aparece intrinsecamente ligada à concepção de que a proposição tem sempre um sentido completo, claramente determinado:

Cada proposição que tem um sentido, tem um sentido *completo*, e ela é uma figuração da realidade de um modo tal que o que ainda não é dito nela simplesmente não pode pertencer a seu sentido ... Se a proposição "este relógio brilha" tem um sentido, deve poder ser explicado *como esta* proposição tem *este* sentido. (*NB*, p.61, 16 jun. 1915)

É porque os sinais simples empregados na proposição têm um significado simples que o sentido pode ser concebido como complexo e articulado: "o postulado da possibilidade dos sinais simples é o postulado do caráter determinado do sentido" (*NB*, p.63, 18 jun. 1915; *T* 3.23). Para Wittgenstein, são igualmente errôneas tanto a concepção que contrasta objetos complexos e objetos simples quanto a que os trata como "aparentados", como se a diferença entre ambos fosse mera diferença de escala (*NB*, p.53, 30 maio 1915). Simples e complexo devem ser entendidos como *essencialmente* distintos, e essa distinção essencial reside no modo pelo qual eles representam a realidade:

> O sinal simples é *essencialmente simples*. Ele atua como objeto simples. (O que isso significa?) *Sua composição* torna-se completamente *indiferente*. Ela desaparece de nossos olhos. (*NB*, p.69, 21 jun. 1915)

Se, na proposição, o nome atua como um objeto simples, nada mais precisa ser dito sobre o objeto do ponto de vista dessa atuação. Quando um nome é empregado, sua função não vai além da identificação imediata e simples de um significado. O espanto filosófico em torno dos constituintes mais simples da linguagem – e do qual o *Crátilo*, de Platão, ao debruçar-se sobre a *justeza* dos nomes, pode ser considerado uma primeira expressão – está, em Wittgenstein, inteiramente vinculado ao projeto de estabelecer, de um lado, a radical distinção entre sentido complexo e significado simples, e, de outro, a essencial dependência de um com o outro no conceito de figuração.

Nos *Notebooks*, o conceito de objeto simples é identificado ao conceito "isto": "O que nos parece ser dado *a priori* é o conceito: *Isto*. Idêntico ao conceito de *objeto*." (*NB*, p.61, 16 jun. 1915) Nas *Investigações filosóficas* (publicação póstuma, em 1953), o termo será usado como exemplo do ensino ostensivo das palavras. Mas, nos *Notebooks*, ele aparece como um conceito *a priori* que pode ser considerado uma espécie de primeira versão dos conceitos formais. Não há *vagueza* em um conceito formal, se com isso se entender *indefinição, variabilidade infinita* em seu *preenchimento*. O lugar "vago" deixado por um conceito formal contém, como já se viu, todos os traços lógicos do que pode ser por ele subsumido. O traço lógico do conceito "isto" é o de indicar o que há de comum a uma forma e a um conteúdo, sem que se determine qualquer tipo de realidade, qualquer espécie determinada de ser. Não é por acaso que a afirmação imediatamente posterior à que introduz "isto" como um conceito *a priori* é a de que "relações e propriedades etc. são *objetos* também". Os nomes de relações e de propriedades indicam objetos no sentido em que eles cumprem o traço lógico do conceito "isto", ou seja, no sentido em que assinalam o que há de comum a uma forma e a um conteúdo.

O ponto de vista da análise lógica não pode ser o da análise física. Mesmo admitindo que, na perspectiva de certas teorias físicas, "nada parece falar contra a indivisibilidade infinita" da matéria (*NB* p.62, 17 jun. 1915), Wittgenstein enfatiza que a complexidade da qual se ocupa deve ser tratada como uma questão lógica, e, por esse ângulo, a análise infinita é impossível. Embora Wittgenstein fale de "pontos materiais", de "*minima sensibilia*" etc., por certo não é nem na física nem na psicologia que ele encontra o paradigma da distinção crucial entre simples e complexo. Por essa razão, da noção de análise lógica ou sintática, que se desenha no horizonte do primeiro sistema, não se pode derivar nenhuma teoria ontológica, e mesmo epistemológica, acerca da constituição da realidade.

Na época em que escreveu os *Notebooks*, Wittgenstein parecia mais preocupado com a aplicação da lógica que no *Tractatus* e, ao perseguir o ideal da análise completa, parece ter em mente alguns exemplos. Mas a afirmação de que lhe falta "um único exemplo" é considerada, pela literatura crítica, sua palavra final:

> Mas minha dificuldade consiste nisto: em todas as proposições que me ocorrem, aparecem nomes, que, no entanto, devem desaparecer em uma análise ulterior. Sei que essa análise ulterior é possível, mas não estou em condição de efetuá-la completamente. Apesar disso, aparentemente eu sei que, se a análise fosse completamente efetuada, seu resultado teria de ser uma proposição que, uma vez mais, conteria nomes, relações etc. Em suma: é como se eu conhecesse, desse modo, apenas uma forma, da qual eu não conheço um único exemplo. (*NB*, p.61, 16 jun. 1915)
>
> Nossa dificuldade era, então, a de que falávamos sempre de objetos simples e não sabíamos mencionar um único. (*NB*, p.68, 21 jun. 1915)

Ora, o que leva Wittgenstein a afirmar que "sabe" que uma análise ulterior (*weiterer Analyse*) é possível, mas que não está "em condições de efetuá-la" nem de mencionar um único exemplo de "simples"? A resposta parece se encontrar no final do primeiro fragmento: ele dispõe "apenas de uma forma" e, *para essa forma*, não consegue encontrar *um único* exemplo. Creio que essa "incapacidade" de dar um exemplo antecipa, já nos *Notebooks*, uma virtude que Wittgenstein só encontrará nos conceitos formais: a de dispensar, por sua própria natureza, qualquer exemplo. Se concordarmos que de todo e qualquer exemplo pode-se extrair uma espécie de modelo, lição, ensino ou regra, também concordaremos que o exemplo sempre traz consigo certas determinações ou restrições que, de algum modo, fixam propriedades do conceito que se exemplifica. A dificuldade em encontrar um "único" exemplo parece estar ligada à necessidade do mais amplo espaço de manobra possível que Wittgenstein pretendia reservar para a aplicação do conceito. Se a virtude de um exemplo é fixar a um caso a aplicação correta de uma regra dada qualquer, a falta de um exemplo pode significar a recusa em fixar qualquer regra que, para além dos traços formais essenciais, comprometesse a aplicação absolutamente geral do conceito. Além disso, não é verdade que Wittgenstein não tenha aventado alguns exemplos de objetos simples: ao longo do texto, aparecem imagens de "estrelas fixas" (*NB*, p.51, 25/maio/1915); "paisagem", "dança de partículas no ar" (*NB*, p.53, 30 maio 1915); "a coisa Sócrates", "a propriedade da mortalidade" (*NB*, p.69, 21 jun. 1915); o "livro *N*" (*NB*, p.60, 12 jun. 1915); o "relógio" (*NB*, p.60, 15 jun. 1915); "partes do espaço" (*NB*, p.47, 13 maio 1915); "pontos da figuração visual", "*minima sensibilia*" ou "*minimum visibile*" (*NB*, p.45, 51, 64); "propriedades", "relações" (*NB*, p.62, 17 jun. 1915). Por outro lado, ele parece considerar essas investigações mero tateio, já que não elege nenhuma como paradigmática. Por isso, o outro lado da "incapacidade" confessa de indicar "um único" exemplo pode ser, a meu ver, creditada à recusa geral em admitir o caráter normativo do exemplo e à necessidade da lógica em trabalhar com variáveis.

Nas notas escritas no dia 19 de junho de 1915 (*NB*, p.65-6), Wittgenstein ocupa-se com questões relativas à aplicação dos conceitos lógicos:

> Podemos falar de funções desse ou daquele tipo, sem ter em vista uma determinada aplicação. Pois não pensamos em nenhum exemplo quando utilizamos Fx e todos os outros sinais de formas variáveis. Em suma: se fôssemos aplicar protótipos somente em

conexão com nomes, haveria a possibilidade de que deveríamos conhecer a existência de protótipos partindo da existência de seus casos singulares. Mas, como usamos *variáveis*, de certo modo falamos como que só dos protótipos, abstraindo inteiramente de todo e qualquer de seus casos singulares. (*NB*, p.65, 19 jun. 1915)

Fica claro, já nos *Notebooks*, que o mero uso de uma forma variável dispensa qualquer exemplo, o que faz necessária, para o uso dessa forma, a abstração de casos particulares. Mas somente no *Tractatus* Wittgenstein chegará à concepção de que o conceito formal deve, por si, dar lugar à subsunção de todos os objetos por ele abrangidos. Contudo, embora ainda não esteja de posse dos conceitos formais, já nos *Notebooks* Wittgenstein tem ideia clara do uso das variáveis em lógica:

> Nós afiguramos a coisa, a relação, a propriedade por meio de variáveis, e assim mostramos que não derivamos essas ideias de certos casos que nos ocorrem, mas que nós, de alguma forma, temos posse delas *a priori* ... Pergunta-se então: se formas singulares são, por assim dizer, dadas a mim na experiência, então não posso fazer uso delas na lógica ... (*NB*, p.65, 19 maio 1915)

O caráter *a priori* das variáveis é incompatível com a ideia de sua derivação de certos casos ou formas singulares, que só podem ser dados pela experiência. Sem aprofundar o que significaria aqui "experiência", pode-se dizer que o caráter *a priori* da lógica é pensado como distinto dos casos singulares de sua aplicação. Mesmo sem ter chegado a afirmar a separação entre a lógica e sua aplicação – o que só acontecerá no *Tractatus* –, Wittgenstein dispensa os exemplos, porque eles comprometem o caráter *a priori* dos conceitos em relação aos casos de sua aplicação. A ideia condutora é a de que as variáveis não são obtidas por um processo de indução de casos particulares. Todavia, pode-se dizer também que, diferentemente do apelo aos exemplos, o emprego de variáveis reflete a mesma poderosa virtude do emprego dos conceitos formais: elas devem poder subsumir toda representação do mundo pela linguagem, sem que, por seu intermédio, nenhuma regra de representação direta da realidade seja especificada.

Isso nos devolve ao mesmo problema que temos tratado desde o início: a figuração é uma régua, mas *a lógica não pode antecipar as regras de composição da régua* a ser aposta à realidade. Qual, então, é a tarefa da filosofia? Ao que tudo indica, essa tarefa consiste em apresentar os traços formais essenciais do que pode ser representado pelas proposições elementares significativas. Mas, assim como a lógica não pode determinar a forma lógica das proposições elementares, tampouco pode a filosofia determinar *a priori* a forma da realidade que pode ser representada. Então, Wittgenstein parte do pressuposto de que, ao traçarmos figurações, as regras que regem suas composições simplesmente refletem possibilidades que estão inscritas na natureza dos próprios objetos designados. E quais objetos são esses? Ninguém sabe. Nem poderia sabê-lo, pois as referências ontológicas dos nomes não são antecipáveis, só podem ser dadas com as figurações. O que se sabe, portanto, é que a substância do mundo é pressuposta como pré-figurativo da figuração, e esse pré-figurativo só pode ser *mostrado* pela figuração. Se isso é correto, então se pode dizer que o que vem com a aplicação da lógica – e o qual a lógica não pode antecipar – é a própria substância do mundo, esse pressuposto metafísico que subjaz ao conceito de "realidade empírica" no *Tractatus*.

Creio ser possível interpretar que a perspectiva – sem perspectiva – da totalidade dos objetos em relação interna com os estados de coisas de que podem fazer parte pode ser considerada a perspectiva do mundo em seu "quê" (*Was*). E ainda, que a perspectiva da figuração, da estrutura do estado de coisas, pode ser considerada a perspectiva do mundo em seu "como" (*Wie*). O próximo passo consistirá em mostrar que tal distinção, crucial no *Tractatus*, tem raízes na metafísica de Schopenhauer.

O Wie e o Was em Schopenhauer

Está longe de ser novidade alegar a apropriação de certos conceitos de Schopenhauer pelo primeiro Wittgenstein, e não é raro o reconhecimento de um certo *flavor* schopenhaueriano também no segundo sistema.[3] Vários comentadores entendem que a linha conectora entre o *Tractatus* e Immanuel Kant passa antes por Schopenhauer, de quem Wittgenstein teria herdado um "kantismo" de espécie peculiar.[4] Entre os que se preocupam em identificar os ramos dessa ascendência, há certo consenso quanto à presença, no primeiro Wittgenstein, das seguintes teses e ideias de Schopenhauer:

(1) a explicação do que é correto e incorreto no solipsismo (*T* 5.62; 5.641);
(2) a distinção entre o fenômeno psicológico da vontade, que é matéria da ciência, e a vontade ética, na qual a recompensa e a punição estão na própria ação (*T* 6.422);

---

[3] Na opinião de S. Morris Engel, por exemplo, é de Schopenhauer que Wittgenstein toma diretamente a expressão "semelhança de família": "Schopenhauer's Impact on Wittgenstein", *Journal of the History of Philosophy* 7, p.285-302, July 1969.
[4] Cf. STENIUS, Erik. *Wittgenstein's Tractatus: A Critical Exposition of its Main Lines of Thought*, p.214-5. De acordo com Alan Janik, em seu "Schopenhauer and the Early Wittgenstein" (*Philosophical Studies*, p.76-95, v. XV, 1966), Stenius foi o precursor dessa posição.

(3) a visão do mundo como destituído de valor (*T* 6.41);
(4) a atemporalidade ou a eternidade da vida no presente (*T* 6.4311); e
(5) o poder da vontade de mudar o mundo como um todo sem mudar os fatos (*T* 6.43).[5]

O reconhecimento de essas teses do *Tractatus* terem origem em Schopenhauer, no entanto, raramente é mencionado no sentido de esclarecer o aspecto propriamente epistemológico da herança. Por exemplo, a declaração de Georg von Wright sobre Wittgenstein ter-lhe dito certa vez que "sua primeira filosofia era um idealismo epistemológico schopenhaueriano"[6] costuma passar ao largo das interpretações que vinculam Schopenhauer ao *Tractatus*. É claro que investigar o significado de uma afirmação desse tipo envolve uma questão espinhosa, pois, seja o que signifique, essa noção de "idealismo epistemológico" encontrar-se-ia em terceira mão: de Kant, teria passado para Schopenhauer, e deste para Wittgenstein. Resta, no entanto, uma saída: procurar o ponto de vista mais geral que aproximaria três filósofos tão diferentes – posto que apenas na perspectiva em que são associados há sentido em falar de sua distinção.

No caso de Kant, Schopenhauer e Wittgenstein, a liga incide na operação comum de uma cisão que institui o ponto de vista transcendental: a distinção entre *fenômeno* e *coisa em si*, em Kant, entre *representação* e *vontade*, em Schopenhauer, e entre *o que pode ser dito* e *o que pode ser mostrado*, em Wittgenstein. Tentarei agora mostrar

---

[5] O elenco dessas teses e ideias de Schopenhauer no *Tractatus* é feito por Peter Geach, "Review of the Italian Translation of the *Tractatus*" by Fr. G. Colombo, SJ, *Philosophical Review*, LXVI (October, 1957) 558, e citado por A. Janik, "Schopenhauer...", op. cit., p.79.

[6] VON WRIGHT. "Biographical Sketch" 5. Citado por A. Janik, "Schopenhauer...", op. cit., p.76.

que a distinção operada por Wittgenstein consiste na reelaboração, em campo conceitual inédito, da diferenciação, originalmente feita por Schopenhauer, entre o "como" (*Wie*) e o "quê" (*Was*) do mundo. Os cinco fragmentos nos quais essa distinção é operada encontram-se em *O mundo como vontade e representação*, sendo os três primeiros pertencentes ao Segundo Livro, e os dois últimos, ao Terceiro Livro.

Primeiro fragmento[7]

Após ter dito que "o inexplicável é a vontade" e que não podemos, por meio dos fenômenos, "penetrar na essência íntima das coisas", Schopenhauer introduz, pela primeira vez, a distinção entre o *Wie* e o *Was*:

> assim, sempre resta algo ao qual nenhuma explicação pode aventurar-se, mas, ao contrário, que toda explicação pressupõe, a saber, as forças da natureza, o modo determinado de ação das coisas, a qualidade, o caráter de cada fenômeno, o sem fundamento, que não depende da forma do fenômeno, do princípio de razão, para o qual essa forma é alheia em si, mas que entrou nela, e que então se mostra de acordo com sua lei – lei que, no entanto, determina exclusivamente o mostrar-se, não o "que" (*was*) se mostra, apenas o "como" (*Wie*), não o "quê" (*Was*) do fenômeno, apenas a forma, não o conteúdo.[8]

---

[7] SCHOPENHAUER, A. *Die Welt als Wille und Vorstellung, Zweites Buch*, p.185 (Tomo I, livro II, § 24). A paginação do texto original, cuja sigla será *WWV*, corresponde à edição Suhrkamp Taschenbuch Wissenschaft, Erste Auflage, 1986.

[8] Ibidem, p.185 (Tomo I, livro II, § 24).

Schopenhauer afirma a existência de "algo" (*etwas*) que permanece inexplicável, mas que toda explicação pressupõe. Esse "algo", identificado nessa passagem a "forças da natureza" – e logo a seguir a *qualitas occulta* ou "coisa em si" –, é "destituído de fundamento" (*grundlos*) e determina um modo de ação das coisas de maneira inteiramente independente das formas do princípio de razão. De acordo com o fragmento, a legalidade própria do princípio de razão determina apenas a "forma" do fenômeno, mas não seu "conteúdo". O *Wie*, identificado à simples forma do fenômeno, é, enquanto tal, regido e determinado pelo princípio de razão; mas o *Was*, identificado ao conteúdo do fenômeno, às *qualitas ocultas* e à coisa em si, escapa às determinações do princípio de razão, e, embora sempre pressuposto, permanece inexplicável.

Segundo fragmento

Em contexto de crítica ao materialismo, que, segundo Schopenhauer, pretende tudo explicar e tudo esclarecer pelo princípio de razão, encontra-se a seguinte afirmação:

> Mas todo o conteúdo do fenômeno teria desaparecido, e restaria a mera forma: o "que" (*was*) aí aparece seria reconduzido ao "como" (*wie*) ele aparece, e esse "como" (*wie*) seria também o cognoscível *a priori*, e, por isso, seria completamente dependente do sujeito, por isso existiria somente para ele, um mero fantasma, de ponta a ponta uma representação e forma de representação: não se poderia perguntar sobre nenhuma coisa em si.[9]

---

[9] Ibidem, p.187 (Tomo I, livro II, § 24).

Nesse trecho, o "como" (*wie*) aparece novamente identificado à "mera forma" do princípio de razão. Dois aspectos do "como" são explicitados: (1) seu estatuto de forma que pode ser conhecida *a priori*; e (2) a dependência dessa forma *a priori* em relação ao sujeito da representação. Uma vez mais identificado ao conteúdo do fenômeno e à coisa em si, o *Was* é concebido como algo que não pode ser reduzido às formas *a priori* do *Wie*, e, portanto, a algo que dependa do sujeito da representação ou possa ser por esse determinado. Ao declarar que "não se poderia perguntar sobre nenhuma coisa em si", Schopenhauer expressa uma crítica às teorias que, não respeitando os limites, tentam formular questões acerca de "tudo" – incluindo a coisa em si, que ele denomina de "vontade" – estritamente do ponto de vista *a priori* do princípio de razão.

Terceiro fragmento

Na página anterior à do fragmento que se segue, Schopenhauer retoma a tese de que as qualidades essenciais dos objetos permanecem inexplicáveis, pois não são determinadas por nada exterior a elas mesmas nem se encontram submetidas ao princípio de razão. Afirma também que essa limitação do princípio de razão já fora notada pelos escolásticos, na qualidade do que estes denominavam de "forma substancial" (*forma substantialis*) ou "caracteres essenciais" (*wesentlichen Charakter*). Sobre a "essência interior" das forças gerais, ele prossegue dizendo:

> Não fundamentável, porque sem fundamento, porque ela [a essência interior das forças gerais] é o conteúdo, o "quê" (*Was*) do fenômeno, que nunca pode ser reduzida à sua forma, ao "como" (*Wie*), ao princípio de razão. Ao contrário, nós que nos ocupamos, não da etiologia, mas da filosofia, isto é, de um conhecimento não

relativo, mas incondicional da essência do mundo, nós tomamos o caminho oposto ...¹⁰

A novidade em relação aos fragmentos anteriores consiste: (1) na ênfase de que o Was constitui algo que não pode ser fundamentado por nenhum princípio – incluindo o princípio de razão – por ser, em si, sem fundamento (*grundlos*); e (2) na afirmação de que a filosofia se ocupa com um conhecimento incondicional da essência do mundo.

Quarto fragmento

Como esse fragmento faz parte do Terceiro Livro, a distinção entre o *Wie* e o *Was* aparece em uma perspectiva distinta da anterior. Enquanto nos fragmentos anteriores o *Was* aparecia como algo independente e não condicionado às determinações *a priori* do princípio de razão, agora, ele aparece vinculado ao que Schopenhaeur chama de "outro" gênero de conhecimento *a priori*:

> Puramente *a posteriori* e por mera experiência, não é possível nenhum conhecimento do belo: ele é sempre, pelo menos em parte, *a priori*, ainda que seja de um gênero completamente diferente das configurações conhecidas *a priori* do princípio de razão. Estas dizem respeito à forma geral do fenômeno enquanto fenômeno, na medida em que essas formas fundam a possibilidade do conhecimento em geral; dizem respeito ao "como" (*Wie*), geral e sem exceção do aparecer, e deste conhecimento provém a matemática e a ciência pura da natureza: ao contrário, aquele outro gênero de conhecimento *a priori* que torna possível a representação do belo diz

---

¹⁰ Ibidem, p.189 (Tomo I, livro II, § 24).

respeito, ao invés da forma, ao conteúdo; e, ao invés do "como" (*Wie*), ao "quê" (*Was*) do aparecer.[11]

Schopenhauer distingue dois gêneros de conhecimento *a priori*: um deles vinculado ao *Wie*, o outro, ao *Was*. O primeiro diz respeito às configurações *a priori* do princípio de razão, à forma geral do fenômeno enquanto fenômeno, que é a condição geral da possibilidade do conhecimento. O "outro gênero" de conhecimento *a priori* diz respeito ao "conteúdo" (*Inhalt*) dos fenômenos. De acordo com os fragmentos anteriormente analisados, o conteúdo dos fenômenos designava a coisa em si, que, na perspectiva do Segundo Livro, era identificada à vontade. Mas, da perspectiva deste fragmento, o *a priori* que Schopenhauer vincula ao *Was* é aquele que torna possível a representação do belo; ou seja, um *a priori* que possibilita "outro" tipo de representação – a estética – que não pode ser convertida em objeto da crítica do conhecimento, tampouco determinada pelas configurações do princípio de razão. É interessante notar que a afirmação inicial – de que o conhecimento do belo é, "pelo menos em parte", *a priori* – é feita em um contexto em que se recusa o caráter "puramente *a posteriori*" desse tipo de conhecimento.

Quinto fragmento

Neste último fragmento, a contemplação do *Was* é vinculada a uma intuição *sub especie aeterni*:

> Quando, elevados pela força do espírito, renunciamos a considerar as coisas de modo habitual; quando deixamos de seguir o fio condutor das configurações do princípio de razão pelo qual apreen-

---

[11] Ibidem, p.313 (Tomo I, livro III, § 45).

demos apenas as relações das coisas entre si, relações cujo último fim é sempre a relação com a própria vontade; quando já não mais consideramos o "onde", o "quando", o "porquê" e o "para quê" das coisas, mas só e unicamente o "quê" (*Was*); quando, além disso, já não permitimos que o pensamento abstrato, os conceitos da razão ocupem a consciência; mas, em vez de tudo isso, dirigimos todo o poder do espírito para a intuição; quando nela mergulhamos inteiramente e deixamos que a consciência se preencha na silenciosa contemplação do objeto natural diretamente presente, seja uma paisagem, uma árvore, um rochedo, um edifício ou o que for; quando, conforme uma significativa expressão alemã, nos *perdemos* por completo nesse objeto ..., isto é, quando nos esquecemos de nossa individualidade; de nossa vontade; e só subsistimos como puro sujeito, como claro espelho do objeto – então, é como se só o objeto ali existisse, sem que ninguém o percebesse; de um modo tal que não podemos mais separar a intuição daquele que intui, pois ambos se tornaram um só, e a consciência inteira é preenchida e tomada por uma única imagem intuitiva; quando, portanto, o objeto é separado de toda relação com algo fora dele, e o sujeito, de toda relação com a vontade, então: aquilo que é conhecido já não é a coisa singular enquanto tal, mas sim, a *ideia*, a forma eterna, a objetividade imediata da vontade neste grau; e, justamente por isso, aquele que concebe nessa intuição não é mais um indivíduo – pois o indivíduo acabou de perder-se em tal intuição – é o *puro sujeito do conhecimento*, sem vontade, sem dor e sem tempo ... Foi também isso que Espinosa tinha em mente quando escreveu: "*Mens aeterna est, quatenus res sub aeternitatis specie concipit*" (*Ética*, 5, prop. 31, escólio).[12]

---

[12] Ibidem, p.257 (Tomo I, livro III, § 34). Tradução latina da expressão: "O espírito é eterno uma vez que concebe as coisas do ponto de vista da eternidade."

O contraste entre o *Wie* e o *Was* é elaborado em um contexto em que se afirma a possibilidade de acesso ao *Was* por meio de uma intuição inteiramente dissociada da perspectiva do *Wie*, intuição que implica a renúncia do fio condutor das configurações do princípio de razão, que abandona a perspectiva das relações das coisas entre si, relações que se constituem nas diferentes modalidades do *Wie* – no "onde", no "quando", no "porquê" e no "para quê" dos fenômenos. Quando essa intuição acontece, o "objeto" (*Gegenstand*, ou "assunto", "questão") se separa de toda relação com os outros objetos e torna-se "objeto" (*Objekt*, ou "propriedade", "bem") de uma contemplação silenciosa na qual o sujeito se perde, se esquece, e nela mergulha ao ponto de uma fusão. Como não é possível então separar a intuição daquele que intui, o sujeito torna-se um claro espelho do "objeto" (*Objekt*), e ambos, tornados um só, deslocam-se do fluxo do tempo, da relação com a vontade, e confundem-se com a forma eterna da essência do mundo.

Ao ler esses fragmentos, não é difícil, para o leitor do *Tractatus*, estabelecer uma analogia entre o ponto de vista transcendental de Schopenhauer – que distingue a perspectiva das "configurações do princípio de razão" da perspectiva da contemplação da "forma eterna" – e o de Wittgenstein, quando este distingue a perspectiva das "configurações variáveis e instáveis" dos estados de coisas e a "forma fixa e subsistente" da substância do mundo. Do mesmo modo, ao leitor dos *Notebooks*, torna-se evidente também a fonte schopenhaueriana da concepção de que a contemplação ética e estética acontece em uma intuição da obra de arte e do mundo considerados *sub specie aeterni* (*NB*, p.83). Uma terceira analogia, porém, ganha de todas, tanto em alcance quanto em dificuldade: a que pode ser estabelecida entre o "puro sujeito do conhecimento" de Schopenhauer e o "sujeito metafísico" do *Tractatus*.

Mutatis mutandis, pode-se dizer que, entre o que Schopenhauer chama de "princípio de razão" e a forma geral da proposição no *Tractatus*, há uma *semelhança de família*: do mesmo modo que, para Schopenhauer, o princípio de razão é a expressão das "formas gerais essenciais a qualquer objeto – espaço, tempo, causalidade" que "se encontram *a priori* na nossa consciência" e que "todo conhecimento puramente *a priori* se resume ao conteúdo desse princípio",[13] assim também a forma geral da proposição, na qualidade de "único sinal primitivo geral da lógica" (*T.* 5.472) que pode ser antecipado *a priori*, determina as características essenciais de toda proposição significativa. "Princípio de razão" e "forma geral da proposição" representariam, em ambos os filósofos, uma espécie de "economia" do transcendental vinculado ao "como" (*Wie*) do mundo e, portanto, determinantes das condições formais essenciais de sua representação possível – pela consciência, em Schopenhauer, e pela linguagem, em Wittgenstein.[14]

Assim como Schopenhauer fala de um pressuposto inexplicável, de forças da natureza e da essência íntima das coisas, ao que chama de *Was*, Wittgenstein fala, no *Tractatus*, da natureza ou das propriedades internas dos objetos e das relações internas entre eles e os estados de coisas de que possam fazer parte – o que foi caracterizado, no tópico

---

[13] Ibidem, p. 34. Cumpre salientar que essa visão resumida do princípio de razão, como designativo de espaço, tempo e causalidade, é fornecida pelo próprio Schopenhauer. Ou seja, não está em questão a especificação do princípio de razão suficiente em suas quatro distintas modalidades, como faz Schopenhauer em seu escrito *Sobre a quádrupla raiz do princípio de razão suficiente*.

[14] No *Tractatus*, Wittgenstein faz duas referências ao "princípio de razão": na primeira, diz que "proposições como o princípio de razão, a continuidade na natureza, o mínimo esforço da natureza etc., todas elas são iluminações *a priori* sobre a conformação possível das proposições da ciência" (*T* 6.34); na segunda referência, diz que "leis como o princípio de razão etc. tratam da rede, e não do que a rede descreve" (*T* 6.35). Ao comentar o aforismo no qual ocorre a primeira referência, Black (*A Companion to Wittgenstein's 'Tractatus'*, op. cit., p.346) observa que, em uma carta a Russell, Wittgenstein teria dito que emprega "princípio de razão suficiente" como

anterior, como *forma fixa da substância do mundo*. Do mesmo modo que, para Schopenhauer, a forma geral do "como", cognoscível *a priori*, não pode determinar nem explicar o "quê" do mundo, para Wittgenstein, a forma proposicional geral, antecipável pela lógica, não pode determinar o "quê" do mundo, a substância necessariamente pressuposta no âmbito da representação direta e imediata da realidade. Se, para Schopenhauer, o "como" do mundo pressupõe o "quê" inexplicável, para Wittgenstein, o "como" da proposição elementar também pressupõe o "quê" do mundo, que não pode ser antecipado, visto que tem de ser *dado*.

Por outro lado, se, para Schopenhauer, o "conteúdo" (*Was*) do fenômeno, embora não determinado pela forma (*Wie*) do princípio de razão, nela "se mostra" (*hervortreten*), porque dela é parte integrante, para Wittgenstein, embora não determinado pela forma geral da proposição, o conteúdo da substância do mundo pode ser mostrado nas proposições elementares. A substância do mundo é, pois, forma *e* conteúdo (*T* 2.025). A forma fixa da substância do mundo é a possibilidade da estrutura, variável e instável, de seu conteúdo, que só pode aparecer no estado de coisas. Ora, o *conteúdo* da substância só pode aparecer no *como*, na *estrutura* de uma proposição elementar.

Assim – para encerrar as analogias –, do mesmo modo que, para Schopenhauer, o conteúdo (*Was*) do fenômeno não pode ser atribuí-

---

sinônimo de "lei de causação". O princípio de razão seria uma "rede", entendida como um "sistema de descrição do mundo": para Wittgenstein, "às diferentes redes correspondem diferentes sistemas de descrição do mundo" (*T* 6.341). Para Black, "redes" significaria espécies de "linguagens" da ciência (Wittgenstein cita a mecânica newtoniana como exemplo), com regras sintáticas e semânticas completamente definidas (Black, *A Companion to Wittgenstein's* 'Tractatus', op. cit., p.349). Portanto, a aproximação que estabeleço entre o "princípio de razão" de Schopenhauer e a "forma geral da proposição" no *Tractatus*, a acepção wittgensteiniana do princípio de razão, não se inclui em tal consideração.

do ou reduzido à forma (*Wie*) do fenômeno – a qual, determinada pelo princípio de razão, *nem por isso* caracteriza-se como um *a posteriori*, já que encerra um "outro *a priori*" (quarto fragmento) –, assim também, para Wittgenstein, a forma e o conteúdo da substância do mundo não podem ser determinados pela forma geral da proposição, e *nem por isso* podem ser tratados como um simples *a posteriori*, pois a eles se vincula outro *a priori*, que tem de ser dado e não pode ser construído: o pré-figurativo, que só pode ser dado na figuração.

É assim que, envolvendo o *Was* como condição, o *Wie* da proposição elementar não é antecipável. Na proposição elementar, a forma fixa da substância do mundo *mostra-se* e está presente como condição do conteúdo, isto é, do sentido proposicional. Por esse motivo, o *Wie* e o *Was* do mundo encontram-se nas formas lógicas das proposições elementares.

Podem-se acrescentar algumas observações à tentativa de, no *Tractatus*, iluminar a distinção entre o que pode ser *dito* e o que pode ser *mostrado*, à luz da distinção entre o *Wie* e o *Was* em Schopenhauer. Em primeiro lugar, é preciso considerar que os fragmentos aqui citados correspondem a distintas abordagens em *O mundo como vontade e representação*. Os três primeiros fragmentos, que aparecem no Segundo Livro, foram escritos do "primeiro ponto de vista", no qual o mundo é tomado "como" (*als*) Vontade, considerada ainda do ponto de vista do princípio de razão. Por meio desses fragmentos, o *Was* do mundo, que *se mostra* no *Tractatus*, assim se configura: (1) não pode ser dito, descrito ou "explicável" por meio de proposições bipolares, que têm conteúdo cognitivo; (2) é irredutível à forma geral da bipolaridade, que é a forma geral da contingência, não podendo ser por ela captado, condicionado ou determinado; no entanto, (3) é "pressuposto" por toda descrição ou explicação. Contudo, uma vez que o *Was* ao qual Schopenhauer se refere implica, nesses três primeiros fragmentos, a noção de Vontade, uma pergunta se impõe: será que a analogia proposta contém a sugestão de que o que *se mostra* no *Tractatus* vincula-se ao conceito de Vontade em Schopenhauer? Não pretendo, de modo algum, chegar a tanto, dada a complexidade do próprio conceito em Schopenhauer. De acordo com Maria Lúcia Cacciola:

> Ao enfrentar a complexidade da noção de Vontade na obra de Schopenhauer, constatamos que essa "coisa em si", tal como ela é chamada pelo próprio Schopenhauer, não apresenta um significado unívoco, tanto nos textos de épocas diferentes como nos de uma mesma época, ora designando um mero reverso da representação ou fenômeno, num sentido de crítica do conhecimento, ora indicando um substrato do mundo como representação.[15]

Se a noção de Vontade não apresenta significado unívoco, se oscila de maneira problemática dentro do próprio sistema de Schopenhauer, estaria nossa analogia fadada ao fracasso? Penso que não, sobretudo quando se nota que esse tipo de oscilação contamina também a noção do *Was* no *Tractatus*: dele também se pode dizer que indica ora um reverso do *Wie*, ora um substrato – a substância – do mundo. O problema consiste em que, do modo pelo qual a analogia foi estabelecida, a função crítica, que consiste em apontar o *Was* como uma perspectiva irredutível à do *Wie*, no *Tractatus*, não se antagoniza (como talvez ocorra no caso da noção de Vontade em Schopenhauer) com a visão de que ela encerra o ponto de vista da substância do mundo. A perspectiva do *Was*, como o reverso da perspectiva do *Wie*, indica um limite da figuratividade ou dizibilidade, e, nesse sentido, assume uma função de crítica do conhecimento. Entretanto, como substância do mundo, o *Was* não é um "mero" reverso, já que nele repousam

---

[15] CACCIOLA, M. L. M. O. *Schopenhauer e a questão do dogmatismo*. São Paulo: Edusp, 1994. p.21.

as necessidades metafísicas e as condições lógicas de possibilidade do *Wie*. Assim, a função crítica de apontar para essa perspectiva não repugna a ideia de que nela se encerra a essência ou a natureza *formal* do mundo. Contudo, a substância do mundo, embora seja condição absoluta da figuração, não pode ser considerada um *fundamento absoluto*[16] do mundo tal como ele é, pois o que ela determina são possibilidades ontológicas, e não realidades concretas e existentes. A substância do mundo não *determina* nem *causa* o mundo em seu *Wie*: a totalidade das possibilidades lógicas ou formais que são por ela dadas não *determina* nem *causa* a totalidade das possibilidades que se realizam ou se efetivam concretamente. Se, para Schopenhauer, a Vontade é o fundamento sem fundamento do mundo,[17] também para Wittgenstein a substância do mundo é o fundamento sem fundamento do mundo. Trata-se, pois, de uma condição de possibilidade que limita, sem contudo *determinar* ou *causar*, seu condicionado.[18]

A comparação proposta entre Schopenhauer e Wittgenstein só pode ser mantida quando se leva em conta não uma absorção conceitual completa (o que seria, de resto, impossível), mas apenas alguns traços fisionômicos dos conceitos, alguns aspectos gerais que eles iluminam. Assim, com relação aos três primeiros fragmentos, ainda

---

[16] Ao referir-se à concepção da Vontade como "essência íntima do mundo", Maria Lúcia Cacciola opõe duas visões: a que privilegia "o caráter ontológico de um substrato real ou de um Absoluto" e a que privilegia "uma função crítica para o conhecimento" (Ibidem, p.34).

[17] De acordo com Cacciola, "... parece que Schopenhauer quer refugiar-se 'neste outro lado do mundo', no avesso da representação, para escapar da consequência de estar fundando o fenômeno, seja a partir de um de seus elementos, seja da própria lei que o rege, caindo num círculo vicioso" (Ibidem, p.34).

[18] O mérito do livro de Cacciola sobre Schopenhauer consiste precisamente em afastar uma "direção interpretativa" que, ao conferir um "estatuto ontológico" à Vontade, aponta para "um aspecto metafísico-dogmático" do conceito. Seu trabalho salienta a necessidade de "outra interpretação do

que neles o *Was* designe a Vontade, creio ser possível manter a comparação sem a necessidade de comprometimento, no escopo limitado deste livro, com alguma interpretação dessa complexa noção em Schopenhauer. Que a comparação seja possível em um plano de consideração que desobrigue a análise de tal comprometimento, comprova-o o fato de ela se verificar também em outra dimensão, naquela concernente à perspectiva dos dois últimos fragmentos, destacados do Terceiro Livro, que foram escritos do "segundo ponto de vista", pelo qual o mundo é tomado "como" (*als*) representação, considerada independentemente do princípio de razão. Sobretudo em relação a estes, importa salientar a afirmação de um "outro gênero" de conhecimento vinculado à perspectiva do *Was* que se dá no regime de uma intuição *sub specie aeterni*. Tomar o *Was* do *Tractatus* como mais próximo do *Was* em Schopenhauer que da coisa em si de Kant é uma ideia que repousa sobre a constatação de que há uma essência do mundo que, embora indizível, *mostra-se* como condição e limite do que pode ser dito – a menos, é claro, que se tratasse de um "mostrar-se sem que nada se mostre".

---

conceito de Vontade, em que se destaca seu aspecto de crítica do conhecimento" (Ibidem, p.52). A aproximação que proponho pode sugerir que recaio justamente na "direção interpretativa", mas este não é o caso. Contra tal possibilidade, eu alegaria três coisas: (1) a analogia que proponho não parte de nenhum conceito formado da Vontade em Schopenhauer, mas somente da distinção geral entre o *Was* e o *Wie*; (2) o estatuto ontológico da noção de substância do mundo é inegável, mas não se pode perder de vista que a ontologia não pretende ser uma "teoria" positiva sobre o ser no primeiro Wittgenstein e (3) o "segundo" Wittgenstein abandonará o arcabouço ontológico do primeiro sistema e continuará a empregar certas noções também usadas por Schopenhauer, como "semelhança de família", "morfologia" ou "história natural". Por fim, creio que um estudo aprofundado sobre a presença de Schopenhauer no segundo sistema de Wittgenstein pode se beneficiar, de um modo que talvez não seja o caso deste livro sobre o *Tractatus*, da interpretação não dogmática da Vontade que Cacciola apresenta na citada obra.

3

Sujeito metafísico e realidade empírica

Entendemos por *realidade empírica* a realidade da experiência humana, em meio à qual vivemos e agimos com nosso corpo e nossa mente; é a realidade que nos inclui, como sujeitos empíricos, na totalidade de todos os seres, vivos ou não, que existem. Desde Kant, porém, a realidade empírica aparece decodificada pelas teses e concepções que constituem seu idealismo transcendental. O próprio Kant salientava que só se considerava um *realista empírico* na mesma medida em que se considerava um *idealista transcendental*.

Entre os estudiosos do *Tractatus*, não é raro encontrar a afirmação de que o solipsismo transcendental, explicitado no livro, deve ser compatível com o realismo empírico – o que instaura, no interior do primeiro sistema de Wittgenstein, o mesmo jogo conceitual com o qual o próprio Kant caracterizou o seu. Por correta que seja, essa analogia tem sido mais afirmada que bem estabelecida, sendo raros os trabalhos que se aprofundam na explicitação de como ela poderia funcionar no esquema conceitual específico do *Tractatus*. Por esse motivo, saber em que medida se pode dizer que o solipsismo transcendental é compatível com o realismo empírico no *Tractatus* é o objetivo central deste capítulo.

As duas faces do solipsismo: a lógica e a ética

O solipsismo transcendental do *Tractatus* parte da alegação do seguinte princípio: "*Os limites de minha linguagem* significam os limites de meu mundo" (T 5.6). A fim de apreender o significado dessa conhecida frase, é necessário, antes de tudo, atentar para a consideração que Wittgenstein faz no aforismo imediatamente posterior, o qual, segundo ele próprio, "fornece a chave para se decidir a questão de saber em que medida o solipsismo é uma verdade" (T 5.62).

A consideração parte da premissa de que "a lógica preenche o mundo" e de que "os limites do mundo são também seus limites" (T 5.61). Dessa afirmação, Wittgenstein conclui que "na lógica, portanto, não podemos dizer: há no mundo isso e isso, aquilo não" (T 5.61). Ou seja, que a lógica preencha o mundo e seus limites coincidam com os limites do mundo implica ela não poder situar-se em um ponto de vista supostamente independente, do qual ela possa determinar a substância do mundo – e dizer o que há e o que não há. Se pudesse fazer isso, a lógica teria o direito de excluir "certas possibilidades" lógicas e ontológicas. Mas isso pressuporia que ela pudesse "ultrapassar" os limites do mundo e observá-los "também do outro lado". Ora, a ênfase sobre a coincidência de limites entre a lógica e o mundo visa a impedir a perspectiva de ela contemplar os dois lados do limite do mundo e dizer o que se pode pensar *e* o que não se pode pensar sobre ele. No entanto, como os limites da lógica coincidem com os limites do mundo, ela não pode dizer o que não pode ser pensado: "o que não podemos pensar, não podemos pensar; portanto, tampouco podemos *dizer* o que não podemos pensar".

Por que razão a consideração fornece, aos olhos de Wittgenstein, a chave para se decidir em que medida o solipsismo é uma verdade? De que maneira a identificação de limites entre a lógica, o pensamento e o mundo iluminam a verdade do solipsismo? A consideração mostra que os limites do que é logicamente pensável devem coincidir com os limites de um mundo *dado* – e ele só pode ser dado a um sujeito, a um eu, a mim. Assim, se só a mim ele pode ser dado, também só a mim são dadas as possibilidades do que posso pensar: só eu posso saber o que há e o que não há no mundo, e, por conseguinte, só eu posso saber o que posso pensar sobre o mundo. O que o solipsismo "quer significar" – e, na perspectiva de Wittgenstein, está "inteiramente correto" – é que os limites de meu pensamento coincidem com os limites de meu mundo. No entanto, essa verdade do solipsismo não encerra nenhuma contingência, os fatos do mundo não podem confirmá-la nem refutá-la. Por isso, ela não pode ser *dita*, mas apenas *mostrada* – e ela se mostra na linguagem que eu entendo:

> Que o mundo seja *meu* mundo, é o que se mostra nisto: os limites *da* linguagem (a linguagem que, só ela, eu entendo) significam os limites de *meu* mundo. (*T* 5.62)

O que Wittgenstein chamou de "minha linguagem", no aforismo 5.6, especifica-se agora como "a linguagem que, só ela, eu entendo": os limites de minha linguagem são, portanto, os limites da linguagem que eu entendo. A verdade do solipsismo não implica, porém, que a linguagem seja minha no sentido em que outros não possam entendê-la, mas tão somente que é minha a linguagem na qual eu reconheço o mundo nela representado como meu. É nesse gradiente que se dá a identificação entre *mim*, *minha linguagem* e *meu mundo*: se entendo *a* linguagem, ela é minha e representa meu mundo – posto que, se não o representasse, eu não poderia entendê-la. Os limites *da* linguagem coincidem com os limites de *meu* mundo na exata medida em que a entendo. A verdade do solipsismo, então, se completa: se minha linguagem é aquela que eu entendo e na qual reconheço meu mundo, então nela eu *me* reconheço e por meio dela *me* identifico com meu mundo.

O sujeito metafísico – também chamado por Wittgenstein de "eu do solipsismo" ou "eu filosófico" – entra na filosofia pela via de que "o mundo é meu mundo". A marca característica do sujeito metafísico consiste em que ele é concebido como limite – e não como parte – do mundo (*T* 5.641). Tentarei elucidar essa concepção por meio de alguns contrastes que são introduzidos pelo próprio Wittgenstein quando apresenta o conceito: o sujeito metafísico não é psicológico, não se confunde com um portador de representações, e, por mais que aparente o contrário, ele também não desempenha o papel de uma "consciência transcendental" que legitima certas formas *a priori* da experiência e da realidade, como em Kant.

O *sujeito metafísico* é apresentado como o conceito mediante o qual se pode, em filosofia, "falar não psicologicamente do eu": ele *não* é o homem, *não* é o corpo humano, ou a alma humana, de que trata a psicologia (*T* 5.641). À luz desse contraste, ele se identifica não a uma alma ligada ao corpo, mas a uma "alma do mundo" (*Weltseele*) (*NB*, p.49, 23/maio/1915), e a vida à qual ele se encontra vinculado não é a vida fisiológica ou psicológica (*NB* p.77, 24/jul./1916). Do ponto de vista estrito dessa distinção, pode-se dizer que o *Tractatus* se alinha à tradição kantiana quanto à abordagem da subjetividade: assim como Kant traçou a distinção entre a "consciência" ou o "eu" empíricos e a "consciência" ou o "eu" transcendentais, Wittgenstein traça a distinção entre o "eu" psicológico e o "eu" metafísico. E, ainda desse ponto de vista, pode-se também dizer que, do mesmo modo que a "consciência empírica", entendida como mera sequência de representações, não podia garantir a Kant a unidade da experiência e do conhecimento, a "alma composta" de Wittgenstein, no encalço da qual vai a "psicologia superficial" (*T* 5.5421), também não pode dar lugar ao conceito de subjetividade como limite do mundo. Entretanto, é de fundamental importância reconhecer que a analogia entre Kant e Wittgenstein para nesse ponto, pois as concepções wittgensteinianas de *sujeito metafísico* e *sujeito psicológico* não recobrem as concepções kantianas.

O conceito de sujeito metafísico como limite do mundo impede Wittgenstein de subscrever uma concepção arraigada e venerada pela maioria dos sistemas filosóficos modernos: a de que se pode isolar e investigar um sujeito da representação. Quando diz que o sujeito que pensa (*denkende*) e representa (*vorstellende*) "não existe", Wittgenstein pretende distanciar-se dos métodos filosóficos que tomam tal sujeito, com seus atos e seus produtos, como objeto privilegiado de investigação. Ele diz que, se escrevesse o livro *O mundo tal como o encontro*, teria de incluir um relato sobre seu corpo e também sobre quais membros se submetem à sua vontade e quais não (*T* 5.631). Em referência direta à perspectiva do mundo *como representação*, de Schopenhauer, Wittgenstein esclarece que no mundo tal como o encontra, o sujeito só pode aparecer como um corpo, submetido a uma vontade meramente psicológica, que teria ou não influência sobre o movimento de seus membros. A vontade e o sujeito referidos ao corpo são, portanto, a vontade e o sujeito tomados em sentido psicológico, e não metafísico, já que se trata da perspectiva do mundo do qual faz parte o corpo do sujeito que representa. A procedência schopenhaueriana desse aforismo está na ideia de que é como corpo que o sujeito da representação "enraíza-se" no mundo.[1] Evitando tomar o "sujeito que conhece" como uma espécie de "cabeça de anjo alada sem o corpo", Schopenhauer afirma que, pela identidade com o corpo, ele faz parte do mundo e torna-se indivíduo: nesse momento, o sujeito do conhecimento se conhece, por um lado, como um "objeto entre objetos" e, por outro, como "vontade" identificada às ações do corpo.[2] Do ponto de vista da representação,

---

[1] Este ponto é salientado por Maria Lúcia Cacciola, *Schopenhauer e a questão do dogmatismo*, São Paulo: Edusp, 1994. p.39.
[2] SCHOPENHAUER, A. *Die Welt als Wille und Vorstellung, Zweites Buch*, p.157 (Tomo I, livro II, § 18).

"a ação do corpo nada mais é que o ato da vontade objetivado",[3] de modo que conhecer a minha vontade como objeto equivale a conhecê-la como corpo.[4] Ora, não seria exagero dizer que no livro *O mundo tal como o encontro*, assim como Schopenhauer da perspectiva do mundo *como* representação, Wittgenstein veria o corpo como uma espécie de "objetivação da vontade" – desde que se faça a importante ressalva de que essa seria, talvez de um modo que não era para Schopenhauer, uma vontade meramente psicológica, e não ética.

Se ignorarmos a procedência schopenhaueriana das afirmações feitas no aforismo 5.631, torna-se muito estranho que, da fala sobre um sujeito da representação, passe-se de maneira natural e imediata à fala sobre o corpo e os movimentos corporais submetidos à vontade psicológica. Seria o "sujeito que representa" essencialmente psicológico? Creio ser possível dizer que o referido aforismo veicula uma ideia bastante comum aos filósofos ditos "analíticos": a de que as representações habitam de maneira inevitável o campo exclusivamente interno e subjetivo dos atos ou dos fatos psíquicos. Essa tendência geral indica que, para esses filósofos, parece não haver a menor possibilidade de se encontrar no terreno próprio das representações qualquer garantia de objetividade. Enquanto Frege se esforça em distinguir "pensamentos" de "representações", e Wittgenstein, em caracterizar seu conceito de "sujeito metafísico" fora do léxico das representações mentais, Russell e Moore, que abordam diretamente

---

[3] Ibidem, p.158 (Tomo I, livro II, § 18).
[4] Ibidem, p.160 (Tomo I, livro II, § 18). Posteriormente, Wittgenstein conceberá as proposições psicológicas na primeira pessoa que expressam relatos sobre o corpo como proposições nas quais se usa o "eu" como "objeto", e as distinguirá das "exteriorizações", isto é, das proposições nas quais o "eu" é usado como sujeito. Essa distinção, que aparece explicitamente no livro *The Blue and Brown Books*, p. 66-7, é tratada em meu *Wittgenstein: o eu e sua gramática*. São Paulo: Ática, 1995, p.61.

as "formas proposicionais da psicologia" – como "*A* acredita que *p*" ou "*A* pensa *p*" –, parecem dispor também de seu próprio antídoto contra o subjetivismo: tais expressões são sempre analisadas na perspectiva da terceira pessoa.[5] A tendência comum parece ser não só a de abandonar o tão venerado *cogito* como uma relíquia do passado, como também a de mostrar que, dentro do novo paradigma, ele se autocondena como puro psicologismo.[6]

O texto de Frege intitulado "O pensamento: uma investigação lógica"[7] pode ser considerado a primeira investigação filosófica que busca forjar, no paradigma da nova lógica, um conceito de pensamento que não passa pelo crivo conceitual clássico da representação. Nele, Frege dedica-se a distinguir o que deve ser corretamente concebido como "objeto de meu pensamento" daquilo que se concebe como "conteúdo de minha consciência" ou "minha representação".[8] A fim de separar pensamento (*Gedanke*) de representação (*Vorstellung*), adota uma estratégia singular: após traçar a distinção entre o reino das "representações" e o reino das "coisas do mundo exterior", ele admite que a definição de pensamento implica que "um terceiro reino

---

[5] A denominação dessas construções como "formas proposicionais da psicologia" é fornecida por Wittgenstein no aforismo 5.541 do *Tractatus*. A análise dessas construções constitui o núcleo da "moderna teoria do conhecimento", de Russell e de Moore, que Wittgenstein critica. Essa crítica e os problemas específicos que ela envolve serão abordados no próximo capítulo.

[6] Sobre a importância da crítica ao *cogito* no pensamento de Wittgenstein, remeto o leitor ao iluminado artigo de Bento Prado Jr., "Descartes e o último Wittgenstein: o argumento do sonho revisitado", em, também do autor, *Erro, ilusão, loucura*. São Paulo: Editora 34, 2004. p.77-107.

[7] Texto originalmente publicado sob o título "*Der Gedanke: eine Logische Untersuchung*", em *Beiträge zur Philosophie des deutschen Idealismus*, p.58--77, caderno 2, v. 1, 1918-19. Trad. brasileira de Cláudio Ferreira Costa, *Cadernos de História e Filosofia da Ciência*, p.177-208, série 3, v.8, n.1, jan.-jun. 1998.

[8] Ibidem, p.200.

precisa ser conhecido", uma vez que pensamentos não são nem representações nem coisas do mundo exterior.[9]

O que pode ser considerado paradigmático, nesse artigo de Frege, é um modo de conceber as "representações" de um ponto de vista estritamente psicológico.[10] À exceção das volições, as representações são identificadas a tudo o que pertence ao "mundo interior": impressões sensíveis, criações do poder da imaginação, sensações, emoções, sentimentos, estados de alma, inclinações e desejos.[11] Diferentemente das "coisas do mundo exterior", que, segundo Frege, existem de modo independente das representações que temos delas – "estão lá", não importando se as vemos ou não –, as representações, uma vez que são conteúdos de uma consciência, só existem na mente individual e pessoal de seu portador.

Ao distinguir o reino das coisas do mundo exterior do reino das representações, Frege salienta que, distintamente das primeiras, as representações não podem ser objetos da experiência sensível: "não podem ser vistas ou tocadas, nem cheiradas, nem degustadas, nem ouvidas"; de uma representação, diz Frege, posso dizer que a "tenho", mas não que a "vejo".[12] As representações não podem, pois, ser objeto *para* quem as tem, do mesmo modo que não podem ser objeto para um outro: cada um tem sua própria representação, sendo "impossível a nós, homens, comparar representações de outro com nossas próprias".[13] Do fato de que as representações só existem por meio de seu portador, Frege deriva a ideia de que elas não subsistem

---

[9] Ibidem, p.195.
[10] A concepção de que a representação é "inteiramente subjetiva" está presente em Frege desde o artigo "Uber Sinn und Bedeutung", escrito em 1892. Mas será no artigo "Der Gedanke: eine Logische Untersuchung", de 1918-19, que Frege a explicitará pormenorizadamente.
[11] FREGE, "Der Gedanke...", op. cit., p.191.
[12] Ibidem, p.191.
[13] Ibidem, p.192.

de maneira independente de quem as tem – e, sob esse aspecto, elas se distinguem tanto das coisas do mundo exterior quanto dos pensamentos.[14] É assim que, para ele, a menos que se caia no mundo da ficção, uma representação nunca pode desempenhar o papel de referente de uma expressão que designa um objeto do mundo exterior:

> não são verdadeiros nem o conteúdo da frase "aquela tília é minha representação", nem o da frase "aquela tília não é minha representação"; pois, em ambos os casos, tenho um enunciado para o qual falta o objeto. A resposta à questão "É aquela tília minha representação?" só pode ser então recusada com a justificativa de que o conteúdo da frase "aquela tília é minha representação" é ficcional. Decerto que eu tenho, no caso, uma representação; mas não é ela o que tenho em mente com as palavras "quela tília". Também poderia ser que alguém com as palavras "aquela tília" quisesse realmente designar uma de suas representações; ele seria então o portador daquilo que quisesse designar com tais palavras; mas ele não veria aquela tília, e nenhum outro homem a veria ou seria seu portador.[15]

Creio que Wittgenstein partilharia, com Frege,[16] a ideia de que as representações são eventos essencialmente psíquicos e falar delas

---

[14] Para Frege, os pensamentos têm dois traços essenciais: não podem ser percebidos pelos sentidos (aspecto em que se assemelham às representações) e não precisam de um portador ao qual pertençam como conteúdos da consciência (aspecto em que se assemelham às coisas do mundo exterior) ("Der Gedanke...", op. cit., p.195). Essa concepção será posteriormente retomada.

[15] FREGE, "Der Gedanke...", op. cit., p.193.

[16] É pouco provável que Wittgenstein tivesse conhecimento do texto de Frege antes de concluir a redação do *Tractatus*, já que as datas da edição do primeiro e do término do segundo praticamente coincidem. Mas é de admirar o vigor com o qual o último Wittgenstein, sem mencionar o nome de Frege, retoma temas específicos desse escrito.

implicaria a referência a conteúdos privados de uma consciência. Talvez seja por isso que o aforismo 5.631 afirma que, no mundo como representação, só se pode falar do sujeito psicológico como corpo – uma acepção na qual, para a filosofia, esse sujeito não existe "num sentido importante".

Para Wittgenstein, embora como psicológico o sujeito possa, por meio do corpo, fazer parte do mundo, como metafísico, ele nunca é encontrável no mundo. Na verdade, o conceito de "sujeito metafísico", tal como o de "coisa em si" em Kant, funciona como um conceito-limite. Talvez por isso sua descrição seja sempre apofática: não é o ser humano, porque não define uma espécie; não é o corpo humano, porque não define um indivíduo; não é uma alma psicológica, porque não define um portador de representações. Ser limite do mundo implica necessariamente não pertencer ao mundo e não ser notado nele de modo algum:

> Onde *no* mundo se há de notar um sujeito metafísico?
> Você diz que tudo se passa aqui como no caso do olho e do campo visual. Mas o olho você realmente *não* vê.
> E nada no *campo visual* permite concluir que é visto a partir de um olho. (*T* 5.633)

Wittgenstein parece criticar a via pela qual determinadas filosofias tentam descrever o campo visual como se estivesse coordenado e limitado por um olho que o vê. Essa crítica baseia-se em duas alegações: a primeira consiste em afirmar que o olho não se vê; a segunda, em afirmar que nada no campo visual traz a marca do olho que vê. Ou seja: não se pode ver – nem descrever – o olho, seja por ele mesmo, seja pelo que é visto. No aforismo subsequente (*T* 5.6331), Wittgenstein apresenta a seguinte figura:

SUJEITO METAFÍSICO E REALIDADE EMPÍRICA

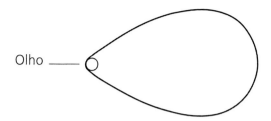

Ele nega que essa figura seja modelo de suas próprias concepções, pois diz que o campo visual "não tem" a forma que o desenho representa. O desenho mostra a perspectiva na qual se pode ver um campo visual coordenado e limitado por um olho. O problema dessa perspectiva – e a razão pela qual ela não fornece um bom modelo para Wittgenstein – é que, nela, o olho *aparece*. Essa figura apresenta, na verdade, *duas* perspectivas: aquela na qual um olho vê um campo visual e aquela na qual se vê um olho vendo um campo visual. Creio que a segunda delas representa o ponto de vista do filósofo que acredita poder descrever o mundo (o campo visual) tomando a descrição de um olho (o sujeito) como seu eixo.

No entanto, não seria precisamente isso que faz Kant quando institui a subjetividade (o olho que vê) como fonte determinante das formas do mundo (o campo visual)? Se tomarmos o olho não somente como órgão sensível, mas como metáfora da "consciência", isto é, como uma espécie de "olho mental", pode-se dizer que, nesse momento, Wittgenstein distancia-se também de Kant, isto é, da concepção de que é possível *descrever* o limite do que pode ser visto (o mundo fenomenal) pela *descrição* das formas *a priori* que pertencem ao olho (à consciência) que vê. Talvez seja essa a razão por que, no aforismo imediatamente posterior ao que apresenta a figura, ele afirma:

> Isso está ligado a não ser nenhuma parte de nossa experiência também *a priori*. Tudo o que vemos poderia ser diferente. Tudo o

que podemos em geral descrever poderia também ser diferente. Não há uma ordem *a priori* das coisas. (*T* 5.634)

Pode-se dizer que a parte "também *a priori*" da experiência, de que fala Wittgenstein, corresponde ao que Kant, em sua *Estética transcendental*, creditou à "nossa constituição subjetiva":

> Assim, pela sensibilidade, não conhecemos apenas confusamente as coisas em si, porque não as conhecemos mesmo de modo algum; e, se abstrairmos da nossa constituição subjetiva, não encontraremos nem poderemos encontrar em nenhuma parte o objeto representado com as qualidades que lhe conferiu a intuição sensível, porquanto é essa mesma constituição subjetiva que determina a forma do objeto enquanto fenômeno.[17]

Diferentemente dessa concepção de Kant, a posição de Wittgenstein aponta para a impossibilidade de *antecipar* qualquer forma de ordenação do mundo, isto é, de antecipar as condições transcendentais do que pode ser visto – no caso, as formas *a priori* da intuição sensível. Se isso é tomado como correto, pode-se dizer que, em um só lance, a estratégia da *Estética* kantiana parece duplamente recusada: não se pode descrever *a priori* as formas pelas quais a realidade empírica é dada, nem dizer que elas pertençam de modo privilegiado à subjetividade. O que leva Wittgenstein a negar aquela figura é que, nela, sujeito e mundo *não* coincidem.

---

[17] KANT, I. *Kritik der reinen Vernunft*. Hamburg: Felix Meiner Verlag, 1998. Trad. portuguesa de Manuela Pinto dos Santos e Alexandre Fradique Morujão. 3. ed. Lisboa: Fundação Calouste Gulbenkian, 1994 (§ 8 da Estética Transcendental, p.80). Daqui em diante, essa obra será referenciada pela sigla *KrV*.

Se é essa a crítica que Wittgenstein elabora no aforismo 5.634, ela não poupa Schopenhauer, e, nesse caso, incide precisamente sobre aquilo que este aceita do idealismo kantiano: a ideia de que as condições transcendentais da experiência são *a priori* e subjetivas. Com efeito, o segundo parágrafo do Primeiro Livro de *O mundo como vontade e representação* apresenta um percurso curioso. Depois de afirmar que o sujeito é "aquele que tudo conhece e por nada é conhecido",[18] ou ainda que "nós não conhecemos nunca o sujeito", pois "é ele que conhece o que quer que seja conhecido",[19] Schopenhauer, de modo paradoxal, vem dizer que podemos, sim, conhecer os princípios da consciência, como princípios subjetivos *a priori*.[20] Logo após afirmar que, como representação, o mundo compreende "duas metades essenciais, necessárias e inseparáveis" – a primeira, o objeto, e a segunda, o sujeito – e que tais metades limitam-se reciprocamente, Schopenhauer escreve:

> Elas [as metades essenciais] limitam-se imediatamente: onde o objeto começa termina o sujeito. Esse limite em comum revela-se precisamente em que as formas essenciais e, por isso, gerais de todo objeto – tempo, espaço e causalidade – podem ser encontradas e conhecidas por completo a partir do sujeito, abstração feita do próprio objeto; isto é, na linguagem de Kant, elas se encontram *a priori* na nossa consciência.[21]

---

[18] SCHOPENHAUER, A. *WVV*, p.33 (Tomo I, livro I, § 2). *Die Welt als Wille und Vorstellung, Zweites Buch* A paginação do texto original, cuja sigla será *WWV*, corresponde à edição Suhrkamp Taschenbuch Wissenschaft, Erste Auflage, 1986.
[19] Ibidem.
[20] Ibidem.
[21] Ibidem.

O percurso argumentativo é curioso porque primeiro Schopenhauer afirma uma espécie de princípio de incognoscibilidade do "sujeito que conhece" para, logo em seguida, dizer que, na consciência desse sujeito, podemos conhecer de modo *a priori* as formas gerais essenciais de qualquer objeto da representação. O "limite em comum" a que Schopenhauer se refere é dado, pois, por essas formas subjetivas *a priori* da consciência: o sujeito limita o mundo como representação, impondo-lhe formas que refletem a estrutura de sua própria capacidade de perceber e de pensar a realidade. Ora, em Wittgenstein, o princípio de limitação recíproca é justamente o que, a seu ver, impede o conhecimento de um sujeito da representação: se o mundo é minha representação, só posso ver o mundo, e nada no mundo traz a marca do meu olho que vê.

Em Wittgenstein, o mundo não é limitado por uma subjetividade que ordene a realidade partindo de formas que lhe pertençam de maneira privilegiada. O encadeamento que uma proposição institui entre os constituintes da realidade deixa intocada a forma lógica desses constituintes. A subjetividade não é fonte de uma "ordem *a priori* das coisas", e o sujeito metafísico não limita o mundo, imprimindo-lhe uma forma. Assim, a subjetividade transcendental não pode, no *Tractatus*, cumprir funções similares às que sobretudo Kant lhe atribuía. O solipsismo do *Tractatus* não se traduz em uma filosofia da subjetividade.

O estabelecimento dos limites da linguagem, que significam os limites de meu mundo, não depende de formas *a priori* que em mim residam como princípios de ordenação. Reencontramos, nesse ponto, a mesma ideia que vem sendo afirmada ao longo deste estudo: se não há uma ordem *a priori* das coisas, não se pode dizer nem que há um sentido *a priori*, nem que há formas *a priori* do sentido, sendo o plano o das proposições elementares.

Depois de tomada a distância da perspectiva antropocêntrica, que concebe os princípios da experiência como princípios subjetivos, passíveis de descrição *a priori*, Wittgenstein afirma, então, a coincidência do solipsismo com o puro realismo:

> Aqui se vê que o solipsismo, levado às últimas consequências, coincide com o puro realismo. O eu do solipsismo reduz-se a um ponto sem extensão, e resta a realidade coordenada a ele. (*T* 5.641)

A coincidência do solipsismo com o puro realismo explicita-se na ideia de que a realidade (*Realität*) se encontra coordenada ao eu do solipsismo, concebido como um ponto sem extensão. Tentarei agora mostrar que essa "coordenação" pode ser entendida em termos de uma *relação interna* entre o sujeito metafísico e a substância do mundo. Tomando por base a concepção de que o acesso à substância do mundo nada mais é que a contemplação de uma essência que *se mostra* no entendimento das proposições elementares, pretendo enfatizar que o conceito de "realidade empírica" do *Tractatus* não pode ser compatível com o conceito geral de "realismo empírico" em Kant. Essa incompatibilidade consiste em que o conceito de realidade empírica, no *Tractatus*, tem como fundamento a noção de um "puro realismo", que não subscreve os ensinamentos mais básicos da *Crítica* de Kant: nem o da *Estética transcendental* – a concepção de que o espaço e o tempo são condições subjetivas *a priori* da sensibilidade pelas quais a consciência empírica recebe a matéria bruta dos fenômenos; nem o da *Lógica transcendental* – a concepção de que a determinação do "diverso sensível" dado só é possível mediante atos de síntese que o entendimento opera no juízo. Com a expressão "puro realismo", Wittgenstein se refere não a uma realidade formalmente constituída, mas a uma realidade tão somente *coordenada* ao sujeito metafísico.

Para esclarecer o significado desse "puro realismo", creio ser oportuno retomar os aforismos 2.0131 e 2.01231 do *Tractatus*, nos quais Wittgenstein se refere a uma espécie de "conhecimento do objeto", que ilustra muito bem a espécie de relação interna vigente entre sujeito metafísico e substância do mundo:

> Se *conheço* o objeto, *conheço* também todas as possibilidades de seu aparecimento em estados de coisas.
> (Cada uma dessas possibilidades deve estar na natureza do objeto.)
> Não se pode encontrar depois uma nova possibilidade. (*T* 2.0123)
> Para *conhecer* um objeto, na verdade não preciso *conhecer* suas propriedades externas – mas preciso *conhecer* todas as suas propriedades internas. (*T* 2.01231, grifos meus)

Como caracterizar esse "conhecimento do objeto"? Não se pode dizer que seja empírico, que resulta da verificação de proposições bipolares ou contingentes que só podem dar a conhecer propriedades materiais ou externas dos objetos. Tratar-se-ia de um conhecimento *a priori*? Também não, pois, no *Tractatus*, somente o que se vincula ao que é construível pela sintaxe lógica é considerado *a priori*. Ora, esse "conhecimento do objeto" coincide com o momento em que a substância do mundo é dada, e ela só pode ser dada nos sentidos particulares das proposições elementares. Como não pode ser empírico nem *a priori*, talvez seja possível caracterizá-lo como um conhecimento "intuitivo", se por "intuição" concebermos um acesso não discursivo ou não figurativo à forma essencial, ou natureza, do objeto.

Ao dizer que o "conhecimento do objeto" pode ser caracterizado como "intuitivo", suponho que se possa entendê-lo à luz do que o próprio Wittgenstein (inspirando-se em Schopenhauer, que retoma a expressão de Baruch de Espinosa) chama de "intuição *sub specie aeterni*" – termo empregado no aforismo 6.45 do *Tractatus* e também em um fragmento dos *Notebooks*, no qual a contemplação da obra de arte é concebida como aquela na qual o objeto é visto *sub specie aeterni* (*NB*, p.83, 7 out. 1916). Desse ponto de vista, pode-se dizer que, tal como ocorre quando estou diante do objeto de arte, quando "conheço o objeto", não o contemplo de modo usual, em meio a outros objetos, pois não o vejo *no* espaço e *no* tempo, mas *com* o espaço e o tempo. Nos *Notebooks*, Wittgenstein diz que "cada coisa condiciona o todo lógico do mundo, por assim dizer, todo o espaço lógico", bem como que "a coisa vista *sub specie aeternitatis* é a coisa vista com todo o espaço lógico" (*NB*, p.83, 7 out. 1916). Com base nisso, creio ser possível dizer que a intuição *sub especie aeterni* se aplica tanto à visão da coisa e de suas propriedades internas quanto à de *todas* as coisas e de suas respectivas propriedades internas.

Assim, a intuição inerente ao "conhecimento do objeto" pode ser considerada a mesma que é inerente à contemplação da totalidade dos objetos, ou seja, o mesmo olhar que apreende a essência de um objeto é o que pode apreender a essência de todos:

> Em vez de "todos os objetos", poder-se-ia dizer: todos os *objetos determinados*. Se todos os objetos determinados são dados, "todos os objetos" são dados. Em suma: com os objetos determinados, são dados todos os objetos. (*NB*, p.75-6, 11 jul. 1916; *T* 5.524)

Com base nisso, pode-se interpretar que, ao serem dados todos os objetos, o sujeito metafísico tem uma apreensão holística da essência de todos eles. Como se trata da apreensão de uma totalidade, a apreensão de um objeto necessariamente requer a de todos os objetos. Porém, o mais interessante é que essa apreensão holística, ou visão da totalidade dos objetos, afasta de vez a ideia de que eles sejam dados por meio de um processo particular de doação. Assim, pode-se dizer que o "conhecimento do objeto" ocorre quando o sujeito metafísico contempla o mundo em seu *Was* – a forma fixa da substância do mundo – e que é sob o regime dessa intuição *sub specie aeterni* que se tem acesso ao pré-figurativo. Por outro lado, parece que esse "conhecimento do objeto" é o que fundamenta o conhecimento do campo de aplicação correta dos nomes no *Tractatus*, de modo que não parece consistir exagero algum dizer que é precisamente nele que reside a condição de correção do sentido proposicional. Afinal, o que poderia, além desse conhecimento, explicar a razão de Wittgenstein afirmar que não podemos pensar "ilogicamente" (*T* 3.03)?

No *Tractatus*, o acesso à essência só pode ser da ordem do que *se mostra*. Se o conhecimento do objeto se dá nessa ordem e se ele representa a condição do que pode ser dito, pode-se afirmar que a lógica da linguagem desdobra-se em duas faces distintas e complementares: uma intuitiva e uma figurativa. Mas, se o que a intuição *sub specie aeterni* mostra é a essência do mundo, fica claro que o caráter intuitivo que pode ser associado ao pré-figurativo do *Tractatus* jamais poderia remeter ao conceito de "intuição sensível" de Kant. Afinal, um dos objetivos da *Estética transcendental* é mostrar que a coisa em si não pode converter-se em objeto da experiência, por escapar das condições do conhecimento sensível. Contudo, no caso do *Tractatus*, a intuição que sustenta o entendimento proposicional *mostra* as propriedades internas ou a forma lógica essencial das coisas, em vez de ocultá-las. Ora, mas se é o conhecimento da forma essencial dos objetos que permite o conhecimento empírico acerca deles, não estaria Wittgenstein colocando a *Estética transcendental* de Kant de ponta-cabeça? Em vez de abandonar o que "é em si", por não ser sensivelmente apreensível, a intuição *sub specie aeterni* seria uma intuição do que "é em si", uma intuição de essências, uma intuição intelectual (e não sensível)?

É bom lembrar, nesse ponto, que Wittgenstein se aproxima de Schopenhauer não naquilo que ele acata do idealismo kantiano – a tese de que as formas *a priori* do *Wie* têm origem subjetiva –, mas naquilo que sua filosofia pretende recusar do método kantiano de investigação: precisamente, da afirmação de Schopenhauer de que há um "modo de acesso" à essência do mundo que é um "genuíno complemento" da nossa representação dos objetos.²² Por essa razão, a boa analogia com Schopenhauer vem do ponto de vista pelo qual, em sua obra, a representação é considerada independentemente do princípio de razão, que é a perspectiva da contemplação estética, na qual o "puro sujeito do conhecimento" torna-se "completamente um" com o objeto que contempla.²³ Ao descrever o "sentimento do sublime", Schopenhauer diz que, quando ele acontece, "somos um com o mundo, e, assim, não somos esmagados, mas sim elevados por sua incomensurabilidade".²⁴ Diga-se de passagem que o "sentimento místico" do qual fala Wittgenstein (*T* 6.45) pode ser aproximado a esse sentimento do sublime em Schopenhauer.

As semelhanças entre Wittgenstein e Schopenhauer quanto ao modo de conceber a contemplação estética salta aos olhos. No entanto, quando se tenta aprofundar o aspecto lógico do solipsismo e suas possíveis consequências epistemológicas, a analogia já não é tão simples. Pois, para isso, é necessário inserir concepções que Schopenhauer defende no contexto específico em que ele considera a contemplação da obra de arte, no contexto não menos específico em que Wittgenstein fala da lógica e de sua aplicação. Uma coisa, contudo, é certa: é da relação entre sujeito e objeto que Schopenhauer concebe em sua metafísica do belo, e não propriamente da relação entre sujeito e objeto que ele elabora em sua teoria do conhecimento, que se origina a ideia wittgensteiniana de um sujeito metafísico em relação interna com o mundo.

---

[22] Para Paul Guyer, entre as diferenças de método filosófico que podem ser traçadas entre Schopenhauer e Kant, essa, que diz respeito ao acesso à essência da realidade, está "acima de todas". Cf. "Schopenhauer, Kant, and the Methods of Philosophy". In: JANAWAY, Christopher (Ed.). *The Cambridge Companion to Schopenhauer*. Cambridge: Cambridge University Press, 1999. p.97.

[23] SCHOPENHAUER, A. *WWV*, op. cit., p.283 (Tomo I, livro III, § 38).

[24] Ibidem, p.292 (Tomo I, livro III, § 39).

Quando se instaura uma relação interna entre sujeito e mundo, torna-se impossível tomá-los como polos de uma relação que os desiguale no estatuto de condição transcendental, de maneira que um pudesse ser concebido como fonte determinante e o outro como produto, total ou parcial. Se a relação interna consiste na noção de uma correspondência (ou coordenação) de determinações formais, a aproximação correta de Wittgenstein a Schopenhauer deve preservar o aspecto sob o qual o último toma a representação considerada independentemente do princípio de razão, pois só dessa perspectiva é que a "dicotomia" entre sujeito e objeto desaparece, como elucida o seguinte fragmento de Maria Lúcia Cacciola:

> Paralelamente ao mundo como Vontade, o mundo tomado como representação apresenta também dois aspectos: o da representação submetida ao princípio de razão e o da ideia, livre de tal condicionamento. A esses dois tipos de representação correspondem duas formas de conhecimento, a ciência e a arte, com características distintas e complementares: se a primeira, movendo-se no domínio das representações, submetidas ao tempo, espaço e causalidade, apresenta-nos um mundo que, embora ilusório, permite que nos orientemos nele dada sua conexão sistemática, a arte oferece, por meio da Ideia, a visão objetiva do mundo. A Ideia, sendo a primeira objetivação da Vontade, é anterior a qualquer multiplicidade que resulta do *principium individuationis*. Assim, na contemplação estética desfaz-se a dicotomia entre sujeito e objeto, tornando-se possível o acesso à plena objetividade.[25]

---

[25] CACCIOLA, M. L.M. O. *Schopenhauer e a questão do dogmatismo*, op. cit., p.24-5.

Da contemplação do mundo em seu *Was* ou do acesso à substância do mundo pelo sujeito metafísico, não se poderia derivar uma teoria do conhecimento que partisse da "dicotomia" entre sujeito e objeto, a menos que ela fosse entendida na forma de uma correspondência de determinações formais tão perfeitamente correlacionadas que seria impossível a investigação de um dos lados em detrimento do outro. A forma mais geral da representação é, para Schopenhauer, a da "divisão" (*Zerfallen*) entre sujeito e objeto, e "as suas demais formas" – o tempo, o espaço e a causalidade – só podem ser atribuídas ao objeto porque esse é idêntico à representação – sendo espaço, tempo e causalidade provenientes do sujeito e conhecidos *a priori*. Entretanto, é contra a divisão ou dicotomia entre "sujeito" e "mundo" que a identificação entre "solipsismo" e "puro realismo" se insurge. Se quisermos vislumbrar com mais clareza o "idealismo epistemológico schopenhaueriano", de que Wittgenstein fala a Von Wright, é preciso tomar o cuidado de não confundir a rota das analogias e aproximações, considerando que Wittgenstein leva o princípio schopenhaueriano da "incognoscibilidade do sujeito que conhece" mais longe que o próprio Schopenhauer. Portanto, por estranho que pareça, é na metafísica do belo, nas reflexões schopenhauerianas sobre a contemplação estética, concebida como uma forma de conhecimento não científica, que Wittgenstein se inspira para conceber a relação interna entre sujeito e mundo no *Tractatus*.

Na relação interna entre sujeito e mundo, um deve ser o espelho do outro. E nesse ponto é fundamental notar que a gramática do espelhamento é incompatível com a gramática da subsunção de um dos polos pelo outro, além de ser incompatível com a gramática de uma suposta causalidade entre ambos. Se a coincidência entre solipsismo e realismo destitui de sentido uma relação de causalidade entre sujeito e mundo, por essa via torna-se também claro por que o solipsismo do *Tractatus* não poderia ser entendido como uma forma de idealismo extremado.

A essência do mundo não está oculta – ela *se mostra* – ao sujeito metafísico. Assim, a consideração de que há um conhecimento intuitivo da forma essencial do mundo, que subjaz ao entendimento das proposições, é perfeitamente solidária com a ideia de que a análise última da linguagem pode revelar essa essência, perfeitamente inteligível e completamente inexplicável, que *se mostra* ao olhar da intuição *sub specie aeterni*. Ou seja, o caráter inteligível da intuição não é refratário à ideia de que somente a análise da linguagem tem o poder de revelar a essência, a forma fixa da substância do mundo, que está pressuposta no entendimento das proposições.

Das análises precedentes, pode-se concluir que o "conhecimento do objeto", na qualidade de um conhecimento intuitivo, desempenha no *Tractatus* o papel de condição do uso figurativo da linguagem e, consequentemente, de todo o conhecimento empírico da realidade. Ora, mas se a figuração pressupõe essa intuição, pode-se concluir também que o entendimento do sentido de uma proposição elementar é imediato – e ele só o é uma vez que a pressupõe. Quando é intuitivo, um conhecimento não requer nenhum intermediário entre aquele que conhece e o que é conhecido. Aplicado ao *Tractatus*, esse princípio permite dizer que não há nenhum tipo de operação ou reflexão – interpondo-se entre o entendimento de uma proposição elementar e a apreensão imediata das propriedades internas das coisas nomeadas – que legitime a possibilidade de suas conexões.

O conhecimento intuitivo, na filosofia de Espinosa, é aquele no qual a coisa é conhecida só por sua essência; e esse modo de conhecer, caracterizado como não sensível, é definido por ele como inteligível. Levando isso em conta, pode-se dizer que, no *Tractatus*, essa inteligibilidade, que só vem à tona na análise das proposições, encontra-se a um só tempo velada e pressuposta pelos "acordos tácitos" que permitem o entendimento da linguagem corrente

(*T* 4.002).²⁶ Mas o ponto relevante a ser agora discutido é: em Espinosa, a intuição *sub specie aeternitatis* apresenta duas características, sendo a primeira a de que ela encerra um modo de conceber as coisas do ponto de vista da *necessidade*, e não da contingência, e a segunda a de que ela é *atemporal*, fora do tempo.²⁷ Da confluência desses dois aspectos, emerge a concepção de um modo de intuir na atemporalidade e na necessidade: precisamente o tempo e a modalidade das propriedades e das relações internas da substância do mundo no *Tractatus*.

É assim que, em vez de uma "intuição sensível" – e, como se verá, também de uma "relação de *acquaintance*" –, o leitor do *Tractatus* encontra uma "intuição *sub specie aeterni*" no lugar em que seria presumível encontrar o fundamento epistemológico da linguagem. Em vez de um discurso acerca da constituição da realidade empírica, seja diretamente pela experiência, seja pela condição de sua possibilidade, o leitor do *Tractatus* encontra uma robusta metafísica, inteiramente fundamentada na intuição de propriedades e de relações internas. Para dar prosseguimento à exploração da relação entre solipsismo e realismo, há ainda outro aspecto da metafísica das relações internas a ser considerado: seu caráter atemporal.

A concepção do tempo presente como atemporal e eterno pode, no *Tractatus*, ser vinculada à de que os estados de coisas são independentes (*T* 2.061; 2.062), que é, por seu turno, a consequência ontológica diretamente derivada da tese da independência lógica das

---

[26] A importância dos "acordos tácitos" na concepção de linguagem corrente no *Tractatus* será tema do próximo capítulo.

[27] ESPINOSA, B. *Ética* (Parte II, Proposição XLIV, Corolário II). Trad. bras. de Joaquim de Carvalho, Joaquim Ferreira Gomes e Antônio Simões. In: *Espinosa*. São Paulo: Abril, 1980. p.166-7. (Col. Os Pensadores) Esse aspecto é comentado por J. Bouveresse em seu *La rime et la raison*, Paris: Minuit, 1973, p.79.

proposições elementares (*T* 5.134). Dessa perspectiva, pode-se dizer que a concepção do presente como eterno encontra-se em harmonia com a crítica de Wittgenstein à causalidade ou à crença no "nexo causal", que é, para ele, uma "superstição" (*T* 5.1361). Com efeito, no *Tractatus*, ele incorpora e trata à sua maneira a tese de David Hume, que nega a existência de uma conexão necessária entre os fatos.[28] De acordo com Erik Stenius, a releitura do argumento humiano no *Tractatus* permite dizer que "não pode haver nenhuma conexão *necessária* entre o que é o caso em um ponto do tempo e o que é o caso em outro ponto do tempo, e, portanto, todas as inferências indutivas são hipotéticas".[29] Partindo dessa indicação, pode-se entender que negar a existência de uma conexão necessária entre os estados de coisas equivale a negar a concepção do tempo como contínuo ou linear. Se "o que é o caso" é necessariamente "o caso em um tempo *t* qualquer", e se os casos são todos independentes uns dos outros, não pode haver uma temporalidade linear, e a única dimensão (que não é uma dimensão única) pensável teria de ser "atemporal". A noção do tempo presente como atemporal é a de um tempo concebido inteiramente fora de qualquer ideia de fluxo ou de processo temporal.

Quando diz que "... da existência de uma situação qualquer não se pode, de maneira nenhuma, inferir a existência de uma situação completamente diferente dela" (*T* 5.135), Wittgenstein, segundo Stenius, concebe a diferença entre uma situação (*Sachlage*) e a outra como uma "diferença temporal". Desse modo, prossegue o crítico,

> cada ponto do tempo é cercado por um sistema *separado* de dimensões no espaço lógico. E, uma vez que temos de considerar o nú-

---

[28] HUME, D. Seção 7 de *Uma investigação sobre o entendimento humano*. Trad. bras. de José Oscar de Almeida Marques. São Paulo: Editora da UNESP, 1998. p.85-108.
[29] STENIUS, E. *op. cit.*, p.58.

mero de pontos do tempo como infinito, segue-se que o número total de dimensões é infinito.[30]

Essa observação ajuda a compreender um aspecto muito importante da concepção do presente como atemporal no *Tractatus*: com o espaço lógico, não é dado nenhum *thelos*; o ponto do tempo *t* não se tornará um momento do passado, assim como já não se constitui como momento futuro de um tempo que já passou. Os eventos do futuro, diz Wittgenstein, não *podem* ser derivados dos presentes (*T* 5.1362). O "decurso do tempo", propriamente falando, não existe, e a descrição do curso temporal só é possível quando amparada em outro processo, como na marcha do cronômetro (*T* 6.3611). Ora, como o sujeito metafísico poderia estar vinculado ao mundo, à substância do mundo e às dimensões infinitas de um espaço lógico se não estivesse, ele próprio, fora do tempo? Se o tempo de que aqui se trata é o tempo das relações e das propriedades internas eternamente presentes na substância do mundo, não seria ligando os pontos do tempo que o sujeito metafísico limitaria o mundo. Se o sujeito metafísico institui uma unidade no tempo, essa unidade não pode ser entendida como uma conexão linear dos pontos do tempo. Assim, só fora do tempo pode o sujeito metafísico estar presente em cada ponto do tempo, em cada doação completa e atual do espaço lógico.

Podemos tomar o aforismo 5.5423 do *Tractatus* como uma espécie de ilustração indireta do que acaba de ser dito. Nele, Wittgenstein mostra que a percepção de um cubo pode variar seu aspecto conforme ele seja visto pelo vértice *a* ou pelo vértice *b*. A cada percepção de um complexo, diz Wittgenstein, o que vemos são "fatos diferentes". E aqui poderíamos completar: cada percepção de um complexo se dá em um tempo diferente – o *Wie* do mundo se dá sempre em um t_n.

---

[30] Ibidem, p.59.

Ora, a ideia de que o *Was* do mundo é eterno, subsistente e imutável, e de que, enquanto tal, ele é a forma que possibilita a estrutura, combina-se perfeitamente com a ideia de uma independência lógica e temporal entre as possibilidades da estrutura: o fato que vejo quando observo o cubo pelo vértice *a* é independente do fato que vejo quando observo o cubo pelo vértice *b*, e essa independência coincide com a independência temporal de cada percepção do cubo. Assim, a ideia de que o *Wie* dá-se sempre em um tempo t_n está em prefeita harmonia com a tese de que o *Was* – as linhas, os pontos e os ângulos – seja eterno. Por "eternidade", diz Wittgenstein, não se entende duração temporal infinita, mas a *atemporalidade*: vive eternamente quem vive no presente (*T* 6.4311). A eternidade do presente não é, pois, incompatível com o instante da figuração.

A intuição *sub specie aeterni* permite ao sujeito metafísico uma contemplação que se desdobra em dois aspectos: aquele no qual o mundo é contemplado como totalidade dos fatos, que se reflete na totalidade das proposições elementares; e aquele no qual ele contempla a totalidade das coisas, que se refletiria na totalidade dos nomes que aparecem nas proposições elementares. Pode-se dizer que, nessa dupla contemplação, o solipsismo do *Tractatus* exibe sua face lógica, embora também comporte uma face ética. Se, do ponto de vista estritamente lógico, o solipsismo implica a intuição (*Anschauung*) do mundo como totalidade limitada, do ponto de vista ético, implica o sentimento (*Gefuhl*) do mundo como totalidade limitada (*T* 6.45). Intuição e sentimento são, assim, duas faces do transcendental *sub specie aeterni*.

Como portador do que é ético, o sujeito metafísico é o sujeito da vontade (*T* 6.423). Para o entendimento da maneira pela qual a relação entre sujeito e mundo desdobra-se no aspecto ético, a consideração da seguinte passagem dos *Notebooks* pode ser adequada:

> Não posso guiar os acontecimentos do mundo segundo a minha vontade: sou completamente impotente.

> Somente posso tornar-me independente do mundo – e assim, em certo sentido, dominá-lo – ao renunciar a uma influência sobre os acontecimentos. O mundo é independente de minha vontade. Ainda que tudo o que desejássemos acontecesse, isso seria, por assim dizer, apenas uma graça do destino, pois não há nenhum vínculo *lógico* entre vontade e mundo que o garantisse, e o suposto vínculo físico, por seu lado, decerto não é algo que pudéssemos querer. (*NB*, p.73, 11 jun. 1916 e 5 jul. 1916; *T* 6.373 e 6.374)

Esses fragmentos mostram que o vínculo lógico entre o sujeito metafísico e o mundo *não* se traduz em um vínculo lógico entre a vontade e o mundo; e por aí também se nota como que uma refração entre o transcendental da lógica e o transcendental da ética. Essa independência entre a vontade e o mundo confere à concepção ética do primeiro Wittgenstein uma singularidade: o aspecto sob o qual minha vontade me torna independente do mundo é o mesmo que me impede de interferir, modificar ou guiar seus acontecimentos. Em decorrência disso, parece que a vontade ética é limitada de dois modos: de um lado, o limite vem do fato de que só cabe querer um mundo que seja possível, isto é, que esteja inscrito nas possibilidades lógicas determinadas pela totalidade das coisas (nesse sentido, a vontade não seria independente da intuição em que tais possibilidades são dadas); de outro, o limite consiste em que o mundo, que *de fato* existe, independe totalmente dessa "escolha" do meu querer. Algo quietista, essa concepção não parece dar lugar à noção de uma vontade ativa e transformadora do mundo, mas a uma vontade meramente contemplativa, já que sua independência em relação ao mundo, em si mesmo sem valor, implica a renúncia a influir em seus acontecimentos:

> O mundo me é *dado*, isto é, minha vontade dirige-se ao mundo completamente de fora, como a algo pronto. (*NB*, p.74, 8 jul. 1916)

Minha vontade não participa nem contribui de modo algum para a existência do mundo. Nos *Notebooks*, Wittgenstein diz que a "liberdade da vontade" consiste "em *não se poder saber* agora quais serão os acontecimentos futuros" (*NB*, p.43, 27 abr. 1915). No *Tractatus*, diz que ela consiste "em não se poder saber agora quais serão as ações futuras" (*T* 5.1362). Essa diferença quanto à mudança no emprego dos termos "acontecimentos" e "ações" dificilmente indicaria uma mudança de concepção dos *Notebooks* ao *Tractatus*, já que a tese capital de que "o mundo independe de minha vontade" é mantida. Em todo caso, dizer que a liberdade da vontade consiste em não se poder saber agora quais serão os "acontecimentos" futuros pode significar que tenho liberdade de querer ou de esperar que ele seja *como* quero ou espero. Nessa medida, é da ignorância quanto ao futuro contingente que nasceria a liberdade da vontade. E dizer que a liberdade da vontade consiste em não se saber agora quais serão as "ações" futuras pode significar que, do mesmo modo que os acontecimentos do mundo não têm um *thelos*, tampouco o tem a vontade que comanda minhas ações no mundo. É claro que afirmar a ausência de finalidade no mundo é diferente de afirmar a ausência de finalidade em minhas ações. A questão, no entanto, independe dessa diferença, pois, quer minha ação tenha, quer não tenha uma finalidade, o ponto de Wittgenstein parece ser o de que, se o mundo não tem um *thelos*, não é por meio de minhas ações que ele lograria um.

Da independência entre minha vontade e o mundo se depreende uma concepção ética que jamais poderia ser pensada no registro de uma práxis que pudesse transformar os destinos do mundo. A ética do *Tractatus* parece articular-se não tanto em torno de um *agir* no mundo – a ação pode perder todo o valor ético quando se converte em um fato entre fatos –, mas em torno de um *sentir*, de um *pathos*, uma passividade, a pura contemplação do mundo investida de um "sentimento de existir". Na visão de Paul Audi, a novidade introduzida pelo jovem Wittgenstein consiste em ter ele delimitado a "topologia da ética" de modo que a desvinculasse inteiramente do âmbito de uma racionalidade na qual se poderia ver uma moralidade desenvolver-se. Ninguém, enfatiza Audi, teria admitido antes dele que o "soberano bem" seja buscado não por dever, mas pela simples graça da própria felicidade – ao que acrescentaríamos: ninguém é feliz por obrigação nem obrigado a ser feliz. É assim que "razão prática", "consciência moral", "lei moral", "juízo de valor", esses conceitos sacralizados, sobretudo pela filosofia moral de Kant, caem por terra na topologia da ética desenhada pelo *Tractatus*.[31]

É porque a ética se traduz em uma afetividade imanente ao *sentimento* de existir que "o mundo do feliz é um mundo diferente do mundo do infeliz" (*NB*, p.77, 24 jul. 1916; *T* 6.43). O fundamento dessa diferença é da ordem do sentimento, e é só nessa dimensão que a boa ou má volição – e não a boa ou má ação – "altera" os limites do mundo, podendo determinar sua transformação, "a rigor", em outro mundo. Esse sentimento não pode, contudo, alterar os fatos; não pode alterar os limites do mundo como totalidade dos fatos. Ora, que o mundo do feliz seja um mundo diferente do mundo do infeliz não implica que, do ponto de vista lógico, eles sejam de fato diferentes: o sentimento ético deixa intocadas todas as possibilidades factuais que a intuição apreende.

Assim, a afetividade inerente à ética só pode efetivar-se na facticidade de um mundo independente dela. Em interessante passagem dos *Notebooks*, Wittgenstein distingue entre uma vontade humana – "minha" ou "nossa" – e uma vontade "alheia" (*fremden Wille*):

(O que é minha vontade, isso ainda não sei.)
Por isso nós temos o sentimento de que somos dependentes de uma vontade alheia.

---

[31] AUDI, P. *Superiorité de L'Étique: de Schopenhauer à Wittgenstein*. Paris: PUF, 1999. p.60-1.

Como quer que seja, de qualquer maneira, nós *somos*, num certo sentido, dependentes, e aquilo de que somos dependentes podemos chamar de Deus.

Deus seria, nesse sentido, simplesmente o destino, ou, o que é o mesmo: o mundo – independente de nossa vontade. (*NB*, p.74, 8 jul. 1916)

Há uma vontade alheia, da qual sentimos que somos dependentes, que é identificada simultaneamente a Deus, ao destino e ao mundo: o mundo é independente de minha vontade no mesmo sentido em que ele é o destino segundo uma vontade alheia. Em outro fragmento, Wittgenstein escreve:

Como tudo está, é Deus.
Deus é como tudo está. (*NB*, p.79, 1º ago. 1916)

Embora "como tudo está" independa de minha vontade, depende dessa vontade alheia à qual não se vincula nem bem, nem mal, posto que só a vontade humana (*menschlichen Willen*) é portadora do bem e do mal:

Qual é a condição da vontade humana? Eu chamarei de "vontade", antes de tudo, o portador do bem e do mal. (*NB*, p.76, 21 jul. 1916).

O mundo que existe, e é dado como pronto – tal como está –, é identificado a uma vontade impessoal, anônima e alheia à vontade humana. Por essa razão, a felicidade, puro afã do destino, embora pertença a mim, só pode ter lugar no sentimento de existir em um mundo pronto, que não depende de mim:

Para viver feliz, eu devo estar de acordo com o mundo. E isso é o que *significa* "ser feliz". (*NB*, p.75, 8 jul. 1916)

A felicidade é o sentimento de existir no qual verto ao mundo, sem valor e independente de mim, meu valor e o valor de minha vida. A felicidade não está no acordo entre minha vontade e meu corpo, nem entre minha vontade e a vontade de outro, mas entre mim e o mundo tal como está.

A intuição *sub specie aeterni* representa a face lógica do solipsismo transcendental do *Tractatus*, e o sentimento *sub specie aeterni* representa sua face ética. E o encontro dessa intuição com esse sentimento dá lugar a uma experiência indizível, a um estado de espírito sublime, que é o sentimento místico da existência. A experiência indizível, produzida pela união da intuição e do sentimento *sub specie aeterni*, poderia ser comparada àquela identidade do "sujeito do conhecimento" com o "sujeito da vontade", que Schopenhauer afirmou ser possível:

> Ora, a identidade do sujeito da vontade com o sujeito que conhece, em virtude da qual (e mesmo necessariamente) a palavra "eu" os compreende e os designa, é o nó do mundo e, por isso, inexplicável.[32]

Essa identidade, que Schopenhauer considera o "milagre *por excelência*" e a qual representa para ele o nó do mundo, parece refletir-se naquela experiência que "não" é experiência de que fala Wittgenstein; uma experiência que não pode ser descrita nem explicada, e muito menos fixada em algum tipo de teoria, mas a única que pode dar lugar à relação interna entre o sujeito metafísico e a

---

[32] SCHOPENHAUER, A. *Uber die vierfache Wurzel des Satzes vom zureichenden Grunde (1847)*. In: Schopenhauer im Kontext. CD-ROM. Berlin: Karsten Worm, InfoSoftWare, 2001. (cap. VII, § 42). Tradução francesa: *De la quadruple racine du principe de raison suffisante*, por J. Gibelin, Paris: VRIN, 1946. p.148.

substância do mundo, que vem a ser o núcleo do solipsismo transcendental do *Tractatus*, tanto em sua face lógica quanto em sua face ética. Na intuição *sub specie aeterni*, que é uma intuição intelectual, a vontade humana é como que posta entre parênteses, mas, no sentimento *sub specie aeterni*, que dá lugar à experiência valorativa, a vontade humana não é meramente suspensa, ela é negada ou afirmada. Se sou feliz, minha vontade se afirma em meu mundo; se sou infeliz, nele ela se nega. Por isso, na intuição *sub specie aeterni*, a apreensão da essência do mundo só pode ocorrer "sem" a minha vontade, embora nada impeça que nela eu contemple as possibilidades de uma vontade "alheia". Contudo, na experiência afetiva do valor, a contemplação de uma vontade alheia – o mundo tal como está – é posta em relação direta com a minha vontade.

Realidade empírica e "apercepção linguística"

Na filosofia de Kant, a *realidade empírica* é um conceito posto sob a luz do que ele chamou de "idealidade transcendental". Para ele, a tarefa da teoria do conhecimento consiste em remontar às condições de possibilidade e de limite da experiência – e é nesse recuo necessário da pesquisa que ele descobre na subjetividade humana a fonte de toda a legalidade. As formas da realidade dependem das formas da nossa constituição: são as formas *a priori* da nossa sensibilidade – o espaço e o tempo – e os conceitos *a priori* do nosso entendimento – as categorias – que tornam a experiência e o conhecimento possíveis. Só depois de feita a pesquisa das condições transcendentais da experiência e de serem elaboradas as teses que constituem o idealismo transcendental, é que a realidade empírica pode ser vista como filosoficamente explicitada. É assim que o idealismo transcendental kantiano encerra um ponto de vista por meio do qual as condições formais da realidade empírica, como condições subjetivas, podem ser antecipadas.

E quanto ao conceito de realidade empírica no *Tractatus*? O que significa dizer que Wittgenstein é um realista empírico no mesmo sentido em que ele é um solipsista transcendental? A diferença crucial que separa o jogo conceitual entre solipsismo transcendental e realismo empírico, no *Tractatus*, e entre idealismo transcendental e realismo empírico, em Kant, está em que, para Wittgenstein, nenhuma parte de nossa experiência é "também" *a priori* (*T* 5.634). O solipsismo wittgensteiniano, diferentemente do idealismo kantiano, não permite a descrição de nenhuma forma *a priori* da realidade empírica, e isso está diretamente ligado ao fato de a lógica não poder antecipar as formas lógicas das proposições elementares, que são as próprias formas da realidade empírica.

A realidade (*Realität*) coordenada ao sujeito metafísico tem de ser concebida como a condição de possibilidade da realidade empírica (*empirische Realität*). Com efeito, o conceito de "realidade empírica" no *Tractatus* encontra-se diretamente vinculado ao conceito de "substância do mundo":

> A realidade empírica é limitada pela totalidade dos objetos. O limite volta a evidenciar-se na totalidade das proposições elementares. (*T* 5.5561)

Se a realidade empírica é limitada pela totalidade dos objetos e se a totalidade dos objetos constitui a substância do mundo, então a realidade empírica é limitada pela substância do mundo. O fundamental, e também mais interessante, é a apresentação do conceito de realidade empírica *pela* linguagem, e não pela consciência. E que o conceito de realidade empírica requeira, em sua apresentação, o conceito de totalidade dos objetos vinculado ao de totalidade das proposições elementares é o sinal mais evidente de uma mudança de paradigma quanto às noções de *realidade* e de *experiência*. Assim, o conceito de realidade empírica é posto sob a luz do conceito de proposição elementar e de substância do mundo.

Pois bem, só há realidade empírica para um sujeito empírico, e, no *Tractatus*, o sujeito empírico é o usuário da linguagem. Diferentemente de um sujeito que constitui os objetos da experiência imprimindo-lhe suas formas *a priori*, o usuário da linguagem, que não participa nem contribui na constituição dos objetos, encontra-os, por assim dizer, prontos, como simples correlatos dos nomes empregados nas proposições elementares. Se a realidade empírica não é dada antes, nem depois, mas *com* a linguagem, a investigação de como ela é dada à mente ou à consciência deve ser substituída pela investigação de como ela é dada na linguagem.

O curioso é que, se as condições transcendentais da realidade empírica têm raízes nas condições transcendentais da linguagem, torna-se absolutamente desnecessária a referência a uma *experiência sensível* por meio da qual a realidade seja dada independentemente da linguagem.[33] É assim que o sistema do *Tractatus* não exige que os objetos da representação figurativa do mundo tenham de ser apresentados *como* objetos de uma experiência anterior à representação deles na linguagem – essa seria um recuo desnecessário e indesejável para quem deseja conceber a lógica da linguagem como transcendental. Se os objetos representados nas figurações tivessem de ser definidos *como* objetos de uma experiência *anterior* à linguagem, haveria algo mais fundamental que a lógica da figuração – e em vez de o conceito de experiência ser derivado do de figuração, o de figuração é que seria derivado de um (suposto) conceito de experiência anterior à linguagem. Por essa via, justifica-se o fato de Wittgenstein não ter apresentado a totalidade dos objetos como "dados" de uma expe-

---

[33] A menos que se tratasse de uma experiência sensível vinculada aos sinais, que são "sensivelmente perceptíveis" (*T* 3.32).

riência sensível, mas como correlatos dos nomes empregados nas proposições elementares.

A realidade empírica é *limitada* pela substância do mundo que está em relação interna com o sujeito metafísico. Alguém poderia perguntar: qual é, afinal, o limite da linguagem – a substância do mundo ou o sujeito metafísico? Se, na qualidade de pré-figurativo, a substância do mundo é posta como condição de possibilidade da figuração, como compatibilizar essa ideia com a de que o sujeito metafísico é o limite do mundo? Estariam "substância do mundo" e "sujeito metafísico" *disputando* no sistema o estatuto de condição transcendental? Trata-se, obviamente, de um falso problema, pois ele só teria lugar se "sujeito metafísico" e "substância do mundo" fossem instâncias logicamente independentes e concebidas como pólos de uma relação externa. Como já vimos, há uma relação interna entre "sujeito metafísico" e "substância do mundo", e parece correto pensar que é precisamente nessa relação que se deve encontrar a condição do entendimento da linguagem por seu usuário.

O sujeito metafísico é a figura transcendental da subjetividade que vem dar forma de unidade à linguagem, não à consciência. E a unidade da linguagem não se origina de uma unidade da consciência. Para entender o sujeito metafísico como limite do mundo, é preciso distinguir a noção de unidade como *unidade da consciência* de uma noção, talvez mais apropriada ao *Tractatus*, de unidade como *limite de totalidades*. Pode-se dizer que o sujeito metafísico é correlato de duas totalidades: a totalidade dos objetos, que constitui o limite da realidade empírica, e a totalidade dos fatos, que constitui o mundo. Que a totalidade dos objetos não seja referida à unidade da consciência significa que, em vez de estar submetida a uma unidade de regras ou princípios, trata-se de uma totalidade na qual cada uma de suas partes possui seus próprios princípios ou determinações essenciais. A unidade é sempre uma forma de ligação e – pelo menos em Kant – tem necessariamente uma fonte independente das coisas que são ligadas. Mas a totalidade dos objetos no *Tractatus* remete a algo muito distinto: trata-se de uma unidade que se institui pela ligação de suas próprias partes, sem a intervenção de mais nada. A unidade da consciência subsume o que pode ser por ela unificado. Mas a totalidade dos objetos não se forma segundo o esquema da subsunção a uma instância de unificação. A totalidade dos objetos é simplesmente o somatório de todos os objetos, não sendo determinada senão por eles mesmos, por suas propriedades intrínsecas e por suas possibilidades de combinação. Se o sujeito metafísico, na qualidade de uma figura transcendental da subjetividade, vem conceitualmente representar a liga do grande mosaico, ele nada pode acrescentar que já não esteja lá, em cada uma das partes que o constitui.

A "conversão" conceitual da substância do mundo para a realidade empírica parece exigir algo análogo ao que Kant chamou de "ato de apercepção". Seguindo a indicação de Luiz Henrique Lopes Santos,[34] creio ser possível mostrar que a verdade do solipsismo coincide com a afirmação de um (se me permitem a expressão) princípio de "apercepção linguística". Para isso, o primeiro passo consistirá em depreender, de maneira extremamente breve e geral, as notas características do conceito kantiano que podem justificar sua aplicação ao conceito de solipsismo no *Tractatus*. O princípio da "apercepção transcendental" é apresentado por Kant no início do § 16 da *Crítica da razão pura*:

> O *eu penso* deve *poder* acompanhar todas as minhas representações; se assim não fosse, seria representado em mim algo que não poderia de modo algum ser pensado, o que é o mesmo que dizer

---

[34] SANTOS, L. H. L. "A essência da proposição e a essência do mundo". Ensaio introdutório à tradução brasileira do *Tractatus Logico-Philosophicus*. São Paulo: Edusp, 1994. p.105.

que a representação ou seria impossível ou, pelo menos, nada seria para mim.[35]

Segundo Henry Allison,[36] o princípio aplica-se a cada uma de minhas representações tomadas individualmente e assevera que, para a finalidade de cada uma delas ser algo para mim – isto é, para que eu me represente algo –, deve ser possível estar consciente dela como minha. A possibilidade de eu estar consciente de uma representação como minha equivale, segundo Allison, à possibilidade de ligar o "eu penso" a tal representação. Por conseguinte, toda representação para a qual isso não é possível, não é uma representação para mim. Ainda de acordo com Allison, há dois pontos importantes a ser realçados nesse princípio. O primeiro é o de que ele afirma somente a "necessidade da possibilidade" de eu ligar o "eu penso" às minhas representações, e não a necessidade de realmente ocorrer isso para que eu tenha representações. O segundo ponto é o de que o princípio "somente afirma a necessidade dessa possibilidade se a representação deve funcionar *como uma* representação, isto é, representar algum objeto" (op. cit., p.137). Se, pela representação, não me represento nenhum objeto, não posso tornar-me consciente dela como minha, e então ela "nada" significa para mim – o que não significa que ela seja não existente.

Pode-se dizer que o solipsismo transcendental do *Tractatus* consiste na alegação de uma espécie de apercepção linguística, entendida como um *ato no qual reconheço uma linguagem como minha*. Ela, portanto, ocorre quando *a* linguagem que representa *o* mundo é reconhecida por mim como *minha* linguagem que representa o *meu* mundo.

---

[35] KANT, I., *KrV*, op. cit., B 132.
[36] ALLISON, H. E. *Kant's Transcendental Idealism: an Interpretation and Defense*. New Haven, London: Yale University Press, 1983. p.137.

A figuração requer um sujeito que afigura. E, assim como em Kant só um sujeito empírico pode intuir e pensar objetos, também no *Tractatus* só um sujeito empírico pode figurar fatos. Quando falam de um "sujeito transcendental", os filósofos não pretendem criar uma figura ao lado do sujeito empírico – nenhum sujeito transcendental existe (nem o que representa, nem o metafísico, nem qualquer outro que se possa inventar). Só existem sujeitos empíricos, sujeitos psicológicos, indivíduos, pessoas. O sujeito transcendental é um conceito que pretende subsumir todo e cada sujeito empírico sem os atributos especificamente empíricos que os particularizam – por isso, sua grande vantagem para a filosofia consiste na garantia da *universalidade*. Mas a criação de um sujeito transcendental, se, por um lado, tem a garantia de prover o que é subjetivo de universalidade e necessidade, por outro, cria um grande problema: o de dar conta da liga entre essa figura formal e os sujeitos que de fato existem. A apercepção tem sido, nesse caso, a boa saída.

Ponto alto do sistema kantiano, o princípio da apercepção transcendental fornece a condição necessária para legitimar a correção das teses do idealismo transcendental: reconhecer uma representação como minha significa reconhecer o espaço e o tempo, as formas puras de minha sensibilidade, como formas dos objetos; e as categorias, os conceitos puros de meu entendimento, como as formas da unidade objetiva desses objetos. Reconhecer uma representação como minha implica reconhecer, em meu pensamento ou juízo, as formas *a priori* sensíveis e intelectuais que tornam a realidade empiricamente possível. Reconhecer que o "eu penso" acompanha minha representação é reconhecer-me, por ocasião de minha própria empiria, sob a forma de um sujeito transcendental.

E o que pode significar reconhecer uma linguagem como *minha*? Significa que posso traçar minhas figurações por meio dela, que posso projetar nela o meu mundo, enfim, que a entendo. E em que se baseia o meu entendimento? Na unidade de minha consciência? Por certo, não! Se os limites de minha linguagem fossem determinados pelos limites de minha consciência, minha linguagem seria um mero intermediário entre minha consciência e meu mundo. Se meu entendimento da linguagem se enraizasse em minha consciência, não seria melhor voltar ao velho e bom paradigma de Kant? Tudo indica que, desde o *Tractatus*, Wittgenstein concebe a linguagem como um *meio* de representação que não é um mero instrumento de exteriorização daquilo que a consciência *elabora* independentemente dos recursos da expressão linguística. Pois, sendo assim, a linguagem não passaria de mera tradução dos produtos de uma "faculdade" de pensar.

Uma vez que o que está em jogo não é a unidade da consciência, deve-se abandonar a perspectiva do *cogito*. Em lugar do "eu penso", Wittgenstein adota a fórmula "'*p*' diz *p*" (*T* 5.542), que substitui o verbo "pensar" pelo verbo "dizer" e a perspectiva da primeira pela da terceira pessoa. A dissolução do *cogito* que se vê no *Tractatus* irrompe quando o autor sugere que se substitua "*A* pensa *p*" por "'*p*' diz *p*", isto é, quando substitui uma fórmula que identifica um "sujeito que pensa" por uma na qual se indica apenas que um sinal proposicional '*p*' é usado para "dizer" um fato *p*.[37] É digno de nota que não se passa de um *cogito* para um *dico*, uma vez que Wittgenstein já parte da perspectiva da terceira pessoa, e não da primeira das fórmulas clássicas do *cogito*: trata-se, isso sim, de um *dicet* que se põe no lugar de um *cogitat*.

Ora, não poderia ser essa a própria fórmula da apercepção linguística no *Tractatus*? Se a apercepção é o ato pelo qual reconheço uma linguagem como minha, pode-se considerar que ela ocorre quando entendo que "'p' diz p", isto é, quando um sinal proposicional institui-se, para mim, como figuração de um fato possível. Assim,

---

[37] A análise dessa fórmula e todo o contexto de crítica a Russell na qual ela está envolvida serão apresentados no próximo capítulo. Aqui, importa apenas salientar a supressão do sujeito que pensa e a adoção da perspectiva na terceira pessoa.

a apercepção ocorre quando projeto símbolos nos sinais ou quando converto sinais em símbolos. Considerando isso correto, poder-se-ia dizer também que o princípio da apercepção linguística exige a "necessidade da possibilidade" da expressão simbólica de um sentido ou de um pensamento, e, nessa medida, que ele se aplica não apenas a toda expressão pela qual posso traçar a figuração de um fato, como também a toda figuração que eu possa expressar por meio de sinais. Isso permite concluir que entender uma linguagem como minha implica um duplo poder: o de *expressar* e o de *entender a expressão* dos pensamentos por meio de seus sinais. Se não for possível exercer esse duplo poder, então os sinais da linguagem nada significam para mim, tampouco posso, por meio deles, expressar ou entender a expressão de pensamentos. Assim como para Kant o princípio da apercepção afirma somente a "necessidade da possibilidade" de vincular o "eu penso" às minhas representações para eu poder reconhecê-las como minhas, pode-se dizer que, para Wittgenstein, o mesmo princípio afirma apenas a "necessidade da possibilidade" de entender e de expressar o que entendo sob a forma "'p' diz p". Ora, o princípio de apercepção linguística tem, portanto, dois lados: se posso fazer minha uma dada linguagem, outro tem de poder fazer sua a minha linguagem. Por essa razão, a minha linguagem não é somente aquela que eu entendo, mas também aquela pela qual me faço entender. Não é à toa que a gramática do "dizer" apresenta-se em terceira pessoa. Nos *Notebooks*, Wittgenstein escreve:

> Poder-se-ia também perguntar: se eu quisesse inventar *a linguagem* com a finalidade de me entender com um outro, quais seriam as regras sobre as quais eu deveria entrar em acordo com ele quanto à nossa expressão? (*NB*, p.37, 20 dez. 1914)

É curioso que o jovem Wittgenstein pergunte sobre a possibilidade de inventar não uma "linguagem privada", mas uma que um outro possa entender. Essa é, naturalmente, a perspectiva do *Tractatus*.

É possível distinguir uma noção de realidade empírica, vinculada à consciência, de outra noção, vinculada à linguagem? Se essa distinção é possível, parece que à descrição do vínculo entre linguagem e realidade empírica apresentam-se duas vias: ou ela depende de uma descrição de como a realidade é dada à consciência, ou não. No primeiro caso, a descrição do vínculo entre linguagem e realidade teria de ancorar-se em uma noção de experiência anterior à constituição do sentido – e, então, ela teria de retroceder a um modelo de descrição da constituição da realidade com base em formas de apreensão da consciência anterior às estruturas lógicas das expressões linguísticas. Tudo indica, porém, que Wittgenstein escolheria a segunda opção. Tudo leva a crer que, para ele, a descrição da realidade empírica dada na linguagem *não* pressuporia que esta fosse primeiro constituída pelas formas de apreensão da consciência. Assim, para fazer valer o caráter transcendental do vínculo entre linguagem e realidade, uma teoria do conhecimento compatível com o *Tractatus* teria de partir do princípio de que a relação da consciência com a realidade é determinada pela relação da linguagem com a realidade. Desse ponto de vista, a estrutura da linguagem – em vez de ser entendida como uma tradução da estrutura de uma consciência concebida anteriormente à linguagem e dela independente – é vista como determinante da estrutura da consciência. Portanto, parece que não repugna a nenhum princípio do *Tractatus* a visão de que a mente seja estruturada *como* linguagem. Assim, a maneira pela qual a realidade empírica é dada à mente depende, nesse sistema, de como essa é dada na linguagem.

Considerando que a realidade empírica seja limitada pela totalidade dos objetos, e que os objetos sejam dados pelos nomes nas proposições elementares, é plausível pensar que a descrição de como a realidade empírica é dada na linguagem teria como alvo necessário as "relações de designação", isto é, o modo pelo qual se estabelecem as relações internas entre nome e objeto, ou como se instituem as "antenas" das figurações. Sobre isso, porém, não há palavra alguma no *Tractatus*: o ato de nomeação, a instituição das relações de designação, a explicação sobre como se instaura a relação entre um nome e um objeto, nada disso é tratado na obra. O que justifica essa ausência? Será que ela se deve apenas ao fato de Wittgenstein não ter explorado seriamente o campo da aplicação da lógica? Ora, um pouco de reflexão sobre os resultados de nossas investigações até aqui basta para mostrar que, na verdade, Wittgenstein não precisava mesmo dizer *nada* sobre as relações de designação. Quem parte da concepção de que há uma intuição *sub specie aeterni*, que apreende em um só átimo de tempo a totalidade das propriedades internas ou formais de todos os objetos, não precisa se preocupar com relações de designação. Parece então que temos, de um lado, o "conhecimento do objeto" e, de outro, "nomes". A elucidação possível do conceito de realidade empírica no *Tractatus*, em vez de progredir na direção de uma descrição das relações de nomeação, deságua necessariamente nos conceitos formais da ontologia, apresentados no início do livro. À luz das teses que compõem o solipsismo transcendental do *Tractatus*, só em uma metafísica da relação interna entre sujeito metafísico e substância do mundo poder-se-ia encontrar a condição da representação da realidade pelas proposições. E o leitor atento, que busca uma explicação da relação entre o nome e o objeto, por mais que insista, sempre vai encontrar uma metafísica de relações internas pressuposta.

Não são raras as interpretações do *Tractatus* que atribuem ao sujeito metafísico o ato de correlacionar os constituintes da proposição com a realidade, ou mesmo de "injetar significados" às partes mais simples da proposição.[38] Hans-Johann Glock, que ilustra bem

---

[38] Peter Michael Stephan Hacker, por exemplo, afirma: "É um ato mental (embora de um eu transcendental, não do eu que é estudado pela psicologia)

essa linha de intérpretes, afirma que as correlações dos componentes da figuração com os objetos *não* podendo ser realizadas pelo eu empírico, que é meramente um complexo de elementos psíquicos, devem por isso ser efetuadas por atos do sujeito metafísico ou volitivo.[39] Apesar de considerar correta a caracterização do sujeito empírico do *Tractatus* como psicológico e, enquanto tal, como um complexo de elementos psíquicos, julgo incorreta a atribuição de atos intencionais ao sujeito metafísico. Creio que a falha dessa interpretação envolve três deslizes: (1) ignora a face lógica do solipsismo transcendental e só considera o sujeito metafísico como portador da vontade; (2) por conseguinte, não vislumbra a relação interna do sujeito metafísico com a substância do mundo que, como se viu, é dada em uma intuição intelectual "sem" vontade, como pura contemplação; e (3) confunde a "experiência" de verter valor ao mundo como totalidade limitada – um sentimento que supõe a contemplação abnegada e quieta de necessidades dadas ? com atos intencionais de significação. Para além do fato de não *fazer* nada, por não existir no sistema senão como condição formal, o sujeito metafísico, do ponto de vista lógico, identifica-se a todas as determinações formais da substância do mundo. Como ele poderia, então, "atuar"? Não estaria ele aquém da engenharia das significações? O sujeito metafísico do *Tractatus* é uma figura conceitual absolutamente desprovida de qualquer espontaneidade criadora, e sua forma é a forma do mundo. Quem atua, pensa, representa, figura fatos e projeta significados nos nomes é o sujeito empírico; a função do sujeito metafísico é prover univer-

---

que injeta significado ou significância nos sinais, quer no pensamento, quer na linguagem". In: HACKER, P. M. S. *Insight and Illusion* (revised and corrected 1989 edition), Bristol: Thoemes Press, 1997. p.75.

[39] GLOCK, H. J. "Schopenhauer and Wittgenstein: Language as Representation and Will". In: *The Cambridge Companion to Schopenhauer*, op. cit., p.447.

salidade e necessidade aos atos de significação do sujeito empírico, e é nessa chave que se pode entender o ato de apercepção, quer o aceitemos ou não.

Isso significa que quem realiza o ato da apercepção só pode ser o sujeito empírico. Mas, no momento desse ato, que está longe de ser corriqueiro, esse sujeito se reconhece e se autodetermina sob a condição formal, necessária e universal da subjetividade transcendental exposta pelo sistema filosófico em questão. A apercepção consiste em um recurso metodológico que visa a garantir a validade objetiva das condições de possibilidade e dos limites da inteligência humana que estão sendo apresentados pelo sistema filosófico. E, pelo menos no caso de Kant e de Wittgenstein, as condições de possibilidade e os limites que se trata de validar são sempre apresentados *antes* que se fale de um ato de apercepção – e é claro também que esse legitima, em cada sistema, coisas bem diversas. No caso de Kant, a *apercepção transcendental* é uma das pedras angulares de seu sistema e tem relevância especial para a dedução da universalidade e necessidade *a priori* das categorias do entendimento, que são funções lógicas do juízo. Ocorre que, para Kant, essa autoconsciência dada pelo ato de apercepção consiste no reconhecimento de que as ligações que o entendimento opera no juízo pressupõem um diverso que se dá na intuição sensível. Um entendimento no qual todo o diverso fosse dado ao mesmo tempo pela autoconsciência "seria intuitivo",[40] o que Kant precisamente quer negar. O problema de se falar em apercepção no *Tractatus* é que ela não poderia ser desvinculada de uma apreeensão *intuitiva* do mundo em seu *Was*.

Ao comentar a identificação do solipsismo com o puro realismo do *Tractatus*, Glock afirma que "esse realismo é o outro lado de um austero solipsismo transcendental, no qual a analogia do olho e do campo visual de Schopenhauer toma o lugar da unidade transcen-

---

[40] KANT, I. *Crítica da razão pura*, B 135.

dental da apercepção [de Kant]".⁴¹ Embora Glock não aprofunde essa sugestão nem a desenvolva na linha do que tentei apresentar até aqui, creio que a de Schopenhauer a seguir pode ilustrar o que ele diz:

> A apreensão das coisas por meio das mencionadas condições [espaço, tempo e causalidade] e em conformidade a elas é a apreensão *imanente*; por outro lado, aquela que permite tornar-se consciente das condições mesmas é a apreensão *transcendental*. Esta última nós recebemos *in abstrato* por meio da crítica da razão pura: mas, excepcionalmente, ela pode também ocorrer intuitivamente.⁴²

Na visão de Schopenhauer, a "apercepção transcendental" pode ocorrer em nós intuitivamente, enquanto, para Kant, a apercepção transcendental tem de ser inteiramente distinta de qualquer forma de intuição. Na *Crítica da filosofia kantiana*, Schopenhauer diz explicitamente que, "de acordo com todo o uso da linguagem, a apercepção não é o pensamento de um conceito, mas é *intuição*".⁴³ Deixando de lado toda a complexidade que envolve a crítica de Schopenhauer à doutrina da apercepção de Kant, interessa-me tão somente salientar que, se as análises anteriores acerca do "conhecimento do objeto" estão corretas, o que a apercepção linguística do *Tractatus* legitima é a concepção de que o entendimento de uma proposição com sentido repousa sobre uma intuição *sub specie aeterni*, que é uma intuição intelectual. Por isso, o grande problema de se falar em apercepção no *Tractatus* é que ela não se presta à mesma função de unidade a que se prestava no sistema de Kant. Bem, *grosso modo*, pode-se dizer que,

---

⁴¹ GLOCK, H. J. "Schopenhauer and Wittgenstein...", op. cit., p.447.
⁴² SCHOPENHAUER, A. *WWV*, p.250 (Tomo I, livro III, § 31).
⁴³ SCHOPENHAUER, A. *Crítica da filosofia kantiana*. Trad. bras. de Maria Lúcia M. Cacciola. In: *Schopenhauer*. São Paulo: Abril, 1980. p.106. (Col. Os Pensadores)

realizando o ato de apercepção, o sujeito empírico kantiano legitima as teses do idealismo transcendental ao se autorreconhecer como *fonte* das condições formais da realidade empírica. No ato da apercepção linguística, porém, o sujeito empírico do *Tractatus*, tendo para reconhecer somente a ontologia, plasmada no início do livro, não pode reconhecer-se como fonte de nada, de nenhuma intencionalidade.

Que teoria do conhecimento seria compatível com esses pressupostos lógicos e metafísicos do *Tractatus*? No próximo capítulo, tentarei dar uma resposta a essa questão.

4

O campo minado da teoria do conhecimento

Em sua introdução *ao Tractatus*, Russell considera a teoria do conhecimento uma das matérias contempladas pelo livro de Wittgenstein.[1] No entanto, está longe de ser evidente o que Russell designa com esse termo, já que pode estar se referindo de maneira indiferente a vários temas: às questões relativas à aplicação da lógica, às teses do solipsismo, à definição de teoria do conhecimento como "filosofia da psicologia", ou mesmo às críticas de Wittgenstein à própria teoria do juízo de Russell. A dificuldade em eleger um desses temas como núcleo da teoria do conhecimento consiste em que os problemas epistemológicos se encontram disseminados por todos eles. Mas, na verdade, a dificuldade maior parece residir no fato de que Wittgenstein não tem – em tempo algum talvez, mas, sobretudo, à época do *Tractatus* – uma concepção própria e acabada de teoria do conhecimento.

---

[1] Para Russell, no *Tractatus*, depois da estrutura lógica das proposições e da natureza da inferência lógica, "passamos sucessivamente à teoria do conhecimento, aos princípios da física, à ética e, finalmente, ao místico (*das Mystische*)". Cf. RUSSELL, B., Introdução ao *Tractatus* (1922). In: *Tractatus logico-philosophicus*, trad. bras. cit., p.113.

Que não há uma teoria do conhecimento no *Tractatus* é algo sobre o que não se disputa. Mas qual seria a razão dessa ausência? Para aqueles que acatam a definição de teoria do conhecimento como filosofia da psicologia (*T* 4.1121), como um *parti pris* teórico de Wittgenstein, a ausência explica-se pela própria natureza secundária das questões que ela envolve – sob tal ótica, a ausência decorreria simplesmente do desinteresse pelo assunto. O ônus dessa visão, contudo, recai sobre a implícita admissão de que, caso se dedicasse ao empreendimento, Wittgenstein acabaria erigindo uma filosofia da psicologia no lugar de uma teoria do conhecimento. No entanto, será que o "lugar" de uma teoria do conhecimento compatível com o *Tractatus* seria o mesmo ocupado por uma filosofia da psicologia?

A julgar pelo aforismo 4.1121 do *Tractatus*, a filosofia da psicologia envolveria o campo de investigação dos "processos de pensar", entendidos como mentais ou psicológicos. Por essa concepção, na qualidade de filosofia da psicologia, a teoria do conhecimento seria destinada ao domínio exclusivo dos processos psíquicos do pensamento, e não seria exagero dizer que, dessa maneira, converter-se-ia em uma espécie de propedêutica da própria psicologia. Como a psicologia não desfruta de nenhuma relação privilegiada com a filosofia – para Wittgenstein, ela "não é mais aparentada com a filosofia que qualquer outra ciência natural" –, essa definição de teoria do conhecimento justificaria, de modo líquido e certo, sua ausência no sistema do *Tractatus*.

No entanto, o contexto no qual a definição é dada envolve outros aspectos, que, embora a iluminem, costumam ser negligenciados. Ao formulá-la, Wittgenstein imediatamente se refere à prática de certos filósofos – não identificados no aforismo em questão – que, operando no campo da filosofia da lógica, insistem no "estudo dos processos de pensar" e "no mais das vezes" apenas "se emaranham em investigações psicológicas irrelevantes" (*T* 4.1121). Nessa perspectiva, a destinação da teoria do conhecimento ao domínio dos processos mentais do pensamento parece basear-se mais em certas iniciativas que Wittgenstein conhece – e já são empreendidas dentro do paradigma da nova lógica – que em uma séria reflexão sobre a possibilidade e a natureza da teoria do conhecimento, independentemente de tais iniciativas. Pois Wittgenstein não só as condena como infrutíferas, como também adverte para o "perigo" de que a seu "estudo da linguagem por sinais" se façam corresponder investigações dessa natureza (*T* 4.1121).

Parece que a definição apresentada no *Tractatus* deriva das convicções e dos escritos de Russell, que Wittgenstein conhecia muito bem, e esse era um tema de muita controvérsia entre ambos. Em seu livro *Theory of Knowledge*, Russell reconhece, em nota de rodapé, a contribuição de Wittgenstein para o esclarecimento das relações entre lógica, epistemologia e psicologia.[2] Mas, a julgar pelo contexto da nota, Russell sustenta – de modo contrário ao que pensava o amigo – que "é impossível atribuir à teoria do conhecimento um domínio distinto dos domínios da lógica e da psicologia", bem como que toda tentativa de delimitar tal domínio é "artificial e nociva".[3]

Com base nas pesquisas precedentes sobre a distinção entre a lógica e sua aplicação, é possível afirmar que o "lugar" de uma teoria do conhecimento coincidiria, no *Tractatus*, não com o domínio de uma filosofia da psicologia, mas com o da aplicação da lógica, e, nesse ponto específico, que ele não teria posição diferente da que viria a assumir no artigo "Some Remarks on Logical Form", escrito em 1929. Assim é que, como vimos no primeiro capítulo, no momento em que Wittgenstein passa a considerar a teoria do conhecimento uma tarefa filosoficamente relevante, sua posição, por provisória que seja, consiste em encaminhá-la na direção de uma fenomenologia –

---

[2] RUSSELL, B. *Theory of Knowledge: The 1913 Manuscript*. London: Routledge, 1992. p.46.
[3] Ibidem.

ou de uma linguagem fenomenológica –, e não na de uma filosofia da psicologia. Por exíguas que sejam as observações acerca do método e do objeto de uma teoria do conhecimento naquele artigo, não há dúvida de que, tratados no domínio da aplicação da lógica, os problemas epistemológicos que teriam de ser enfrentados passariam completamente ao largo de qualquer investigação relativa à subjetividade, à estrutura de nossa mente ou consciência ou, ainda, a algum tipo de processo subjetivo na constituição do sentido proposicional. Assim, diferentemente do que pensa Russell, Wittgenstein considera a teoria do conhecimento um domínio distinto dos da lógica e da psicologia. E, embora tenha sido dispensável para estabelecer o vínculo entre lógica e metafísica no *Tractatus*, a teoria do conhecimento passa a ser vista como condição para estabelecer o vínculo entre a lógica e sua aplicação.

Qualquer que seja, uma teoria do conhecimento compatível com o *Tractatus* teria de ser erigida à luz das concepções metafísicas do livro, em especial a concepção de que o domínio da aplicação da lógica envolve uma "experiência" que não é experiência, mas uma intuição *sub specie aeterni*. Ora, mas se é nessa intuição *sub specie aeterni* que se deve encontrar a base de uma teoria do conhecimento, qual poderia ser sua finalidade senão a de descobrir, nas formas lógicas das proposições elementares, as formas lógicas elementares do mundo? Causa-nos espanto que a tarefa da teoria do conhecimento, dadas as concepções metafísicas presentes no *Tractatus*, não aponte para nada do que classicamente se denomina de "teoria do conhecimento". Parece que, no espírito e na letra dessa obra, o leitor depara não com uma *nova* teoria do conhecimento, mas com o termo de um paradigma no qual as questões epistemológicas costumam ser tradicionalmente formuladas.

Por esse motivo, evitando atribuir ao primeiro Wittgenstein pressupostos epistemológicos que ele próprio não formulou, o objetivo deste capítulo conclusivo será tentar mostrar que certas concepções metafísicas do *Tractatus* – em especial a doutrina das propriedades e das relações internas ou formais – são as responsáveis pela dissolução de todo o campo de reflexão no qual as questões epistemológicas clássicas são formuladas. Levando em consideração que "os trabalhos do amigo Russell" em teoria do conhecimento, assim como o idealismo transcendental de Kant e de Schopenhauer, eram referências importantes para o primeiro Wittgenstein, tentarei provar, por meio de um duplo contraste, que a doutrina das relações internas no *Tractatus* é refratária tanto aos fundamentos epistemológicos de feição empirista, apresentados pelos escritos de Russell daquela época, quanto aos fundamentos epistemológicos de feição transcendental, como estabelecidos por Kant em sua *Crítica da razão pura*.[4] De maneira breve e geral, tentarei mostrar que, se as concepções metafísicas do *Tractatus* devem ser levadas a sério, o verdadeiro cerne das contendas epistemológicas em torno dessa obra está na doutrina das relações internas, pois não é senão por meio dela que se pode entender a recusa de Wittgenstein tanto da concepção da predicação fundada na noção de que todas as relações são externas, como é a de Russell, quanto da concepção da predicação como síntese, como é a de Kant.

Intuição sub specie aeterni *versus* acquaintance

Os caminhos teóricos que Russell adota em suas investigações epistemológicas dificilmente poderiam ser trilhados por Wittgenstein,

---

[4] Ao longo dos Capítulos 2 e 3, tentei aproximar as concepções metafísicas do *Tractatus* com certos aspectos do idealismo de Schopenhauer. A opção pelo contraste com Kant neste capítulo final explica-se por duas razões: (1) não considero esgotada a pesquisa das aproximações possíveis entre o primeiro Wittgenstein e Schopenhauer, sobretudo quanto aos aspectos nos quais

sobretudo em razão da profunda divergência entre ambos, no plano das concepções filosóficas, em relação à nova lógica. Quando se confrontam o "conhecimento do objeto" – que supõe, no *Tractatus*, a intuição *sub specie aeterni* – e o "conhecimento direto" ou "conhecimento por familiaridade" (*knowledge by acquaintance*) de Russell, nota-se, com muita nitidez, o contraste entre princípios epistemológicos completamente incompatíveis. Na raiz da incompatibilidade encontra-se, com efeito, uma divergência entre ambos os teóricos que nos interessa explorar neste título: a que diz respeito ao modo de conceber a lógica da predicação elementar ou, ainda, à forma pela qual cada um tenta elucidar, do ponto de vista *filosófico*, a constituição do sentido das proposições elementares – ou atômicas, segundo Russell.

De modo geral, pode-se dizer que a polêmica tem início quando Wittgenstein reprova a tentativa de Russell de introduzir uma teoria do juízo no âmago das reflexões sobre as condições lógicas do sentido proposicional. Russell elabora três versões diferentes para sua "teoria do juízo como relação múltipla".[5] Wittgenstein expressa pela primeira vez sua crítica neste trecho de carta escrita em junho de 1918:

---

este diverge de Kant em epistemologia; e (2) o conhecimento "sintético *a priori*", que será um dos pontos de contraste tratados neste capítulo, tem sua origem na obra de Kant.

[5] A primeira formulação da teoria do juízo como relação múltipla aparece no artigo "On the Nature of Truth and Falsehood", em *Philosophical Essays* (1910); a segunda encontra-se no artigo "Truth and Falsehood", em *The Problems of Philosophy* (1912); e a terceira e última versão é formulada no capítulo "The Understanding of Propositions", em *Theory of Knowledge: The 1913 Manuscript* (1913), op. cit. Em meu artigo "A crítica de Wittgenstein à teoria do juízo de Russell" (em *Ontologia, conhecimento e linguagem: um encontro de filósofos latino-americanos*. Rio de Janeiro: Mauad, 2001. p.267-74), tento explorar os aspectos para os quais as críticas de Wittgenstein incidem já sobre a primeira versão.

Posso agora expressar minha objeção à sua teoria do juízo com precisão: acredito que é óbvio que, da proposição "A julga que a está em relação com b", se corretamente analisada, a proposição "aRb . v . $\sim aRb$" deve seguir-se diretamente, *sem o uso de qualquer outra premissa*. Essa condição não é satisfeita por sua teoria.[6]

No *Tractatus*, Wittgenstein volta a criticar, de modo ligeiramente distinto, a mesma teoria:

> A explicação correta da forma da proposição "A julga que p" deve mostrar que é impossível julgar um contrassenso. (A teoria de Russell não satisfaz essa condição.) (*T* 5.5422)

A discrepância de Wittgenstein, tanto na carta de 1918 quanto no aforismo do *Tractatus*, parece ir além do fato de Russell ter concebido uma operação de juízo como condição do sentido proposicional. A discordância incide sobre a "análise correta" (como escrito na carta) e sobre a "explicação correta" (como escrito no aforismo) de "A julga que p". O problema é que a "análise" ou a "explicação" que Russell oferece dessa forma proposicional não é suficiente para garantir que p seja uma proposição logicamente correta (o que está sugerido na carta) nem que seja impossível julgar um contrassenso (o que está dito no aforismo). Essa insuficiência deve-se ao fato de que, para garantir a constituição correta do sentido *no* juízo, Russell necessita de "outra premissa": a teoria dos tipos. Com efeito, por uma série de razões que serão tratadas em seguida, em sua teoria, a relação de juízo não basta como condição necessária *e* suficiente para garantir que só podemos julgar proposições logicamente corretas.

---

[6] WITTGENSTEIN, L. *Letters to Russell, Keynes and Moore*. G. H. von Wright; B. F. McGuinness (Eds.). Oxford: Basil Blackwell, 1974. p.12 [June 1913].

Como explica Santos, a teoria de Russell "não transfere as características que definem a forma do fato enunciado para o fato do juízo", de modo que seria "uma feliz coincidência que apenas coisas suscetíveis de articulação entre si fossem também suscetíveis de *outras* articulações com um sujeito em fatos de juízo".[7] Para garantir a impossibilidade de julgar um contrassenso, Russell precisa de uma teoria adicional, que distribua as coisas em tipos ontológicos, conforme suas possibilidades de articulação mútua. De posse dela, Russell pode dizer que a proposição tem sentido quando seus constituintes pertencem a um tipo de coisas articuláveis entre si, enquanto os contrassensos são tentativas frustradas de articular constituintes pertinentes a um tipo de coisas não articuláveis. Ou seja, a solução do problema deixa de ser estritamente lógica e passa a depender de uma teoria ontológica. O que Wittgenstein condena na teoria de Russell é precisamente essa necessidade de uma teoria ontológica na base da explicação da constituição do sentido proposicional.

Segundo Elizabeth Eames, as críticas de Wittgenstein afetaram "uma parte vital de toda a epistemologia de Russell".[8] Sabe-se que, no auge da crise precipitada pela carta citada, Russell escreve ao amigo sobre o assunto e obtém como resposta a sentença – que teria de amargar por longo tempo – de que ele precisava de "uma teoria correta das proposições".[9]

Para o autor do *Tractatus*, uma teoria correta das proposições teria de validar o princípio de que uma proposição só ocorre em outra como base das operações de verdade (*T* 5.54). E o problema com a teoria

---

[7] SANTOS, L. H. L. "A essência da proposição e a essência do mundo". Ensaio introdutório à tradução brasileira do *Tractatus logico-philosophicus*. São Paulo: Edusp, 1994. p.59.
[8] EAMES, E. R. *Introduction to Theory of Knowledge*, p.XX.
[9] WITTGENSTEIN, L. *Letters to Russell, Keynes and Moore*, op. cit., p.13. Cf. Elizabeth Eames, op. cit., loc. cit. p.XX.

de Russell está em ela impedir, desde seu início, a universalização desse princípio. É precisamente no contexto em que afirma tal princípio – chamado de "princípio da extensionalidade" – que Wittgenstein refere-se à teoria do juízo de Russell para criticá-la. Na verdade, o autor do *Tractatus* passa em revista duas concepções distintas de juízo: a primeira – que atribui a Russell e a Moore, citando-os como representantes da "moderna teoria do conhecimento" – é aquela que concebe o juízo como uma relação dual entre um sujeito e um conteúdo proposicional (*T* 5.541); a segunda é a que corresponde à teoria do juízo como relação múltipla, proposta por Russell, e à qual já nos referimos (*T* 5.5422).[10] Em ambos os casos, as proposições que expressam juízo – como "*A* acredita que *p* é o caso" ou "*A* pensa *p*" – são denominadas por Wittgenstein de "formas proposicionais da psicologia" e examinadas como possíveis contraexemplos à universalização do princípio da extensionalidade. É claro que seu objetivo é mostrar que, *bem entendidas*, essas formas proposicionais não constituem contraexemplos ao princípio e não oferecem obstáculo à sua universalização. Nosso próximo passo é analisar como ele faz isso.

Quando se refere ao juízo como uma relação *dual* entre um sujeito e um sentido proposicional, Wittgenstein tem em mira as concepções que Russell e Moore mantiveram em suas primeiras investigações sobre o tema.[11] Se o juízo for entendido como uma

---

[10] Esse esclarecimento é fornecido por Peter Hacker em *Insight and Illusion* (revised and corrected 1989 edition), Bristol: Thoemes Press, 1997. p.83.

[11] De acordo com Peter Hacker, Russell e Moore "flertaram" com tal concepção no início de carreira: Moore, em *Some Main Problems of Philosophy*, mantinha que a crença era um ato especial da mente direcionada para a proposição considerada uma entidade objetiva; e Russell, em seus três artigos "Meinong's Theory of Complexes and Assumptions", publicados em *Mind* XIII (1906). Cf. HACKER, P. M. S. *Insight and Illusion* (revised and corrected 1989 edition), Bristol: Thoemes Press, 1997. p.83.

relação dual entre um sujeito *A* e um sentido proposicional *p*, então tudo se passa como se uma proposição *p* ocorresse em outra – em "*A* julga que *p*" – sem que fosse base de uma operação de verdade.[12] Ao rechaçar a concepção de juízo como uma relação dual, Wittgenstein propõe não outra "análise" ou "explicação" para as formas proposicionais da psicologia, mas outra fórmula para representar a forma lógica de juízo:

> É claro, porém, que "*A* acredita que *p*", "*A* pensa *p*", "*A* diz *p*" são da forma "'*p*'diz *p*". E não se trata aqui de uma coordenação de um fato e um objeto, mas da coordenação de fatos por meio da coordenação de seus objetos. (*T* 5.542)

Em "'*p*' diz *p*", em vez de discriminar diferentes atitudes de um sujeito *A* em relação a um sentido proposicional, Wittgenstein reduz todas elas (crer, pensar, julgar) ao "dizer" e – o que é fundamental – substitui, mantendo a perspectiva da terceira pessoa, o sinal indicativo de um sujeito *A* pelo sinal proposicional '*p*': no lugar da referência a um sujeito identificável no mundo, põe-se um sinal proposicional

---

[12] O próprio Russell abandona a explicação de juízo como relação dual quando tenta formular, pela primeira vez, sua concepção de juízo como relação múltipla. Nessa ocasião, Russell se dá conta de que se o juízo fosse concebido como uma relação dual entre um sujeito e um sentido proposicional tomado como algo "objetivo", então haveria "objetivos" correspondendo aos juízos tanto falsos quanto verdadeiros. Mas isso implicaria admitir, como fez Alexius Meinong, a existência de "falsidades objetivas", o que tornaria, segundo Russell, a própria diferença entre verdade e falsidade completamente misteriosa. Cf. RUSSELL, B. "On the Nature of Truth and Falsehood". In: *Philosophical Essays* (1910). London: George Allen & Unwin, 1966. p.147-59. Apud: *Russell*. Trad. bras. de Pablo Rubén Mariconda. São Paulo: Abril, 1980. p.151-9. (Col. Os Pensadores)

usado para *dizer* um fato possível. O que constitui o sentido não é a relação dual entre um sujeito identificável no mundo (como se fosse um objeto entre outros) e um fato mental representado, mas a coordenação (*Zuordnung*) dos elementos de um sinal proposicional com os de um fato afigurado com origem nele. No *Tractatus*, o sinal proposicional é um fato (*T* 3.14) tanto quanto o é uma figuração (*T* 2.141). Considerando isso, podemos dizer que o sentido constitui-se quando os elementos do sinal proposicional (as palavras) correspondem aos elementos do fato afigurado, também chamados de "objetos do pensamento" no *Tractatus* (*T* 3.14; 3.141; 3.1431; 3.2).

No capítulo anterior, "'p' diz p" foi caracterizada como a fórmula da apercepção linguística que viria substituir as clássicas fórmulas do *cogito*. Agora, torna-se claro que ela cumpre essa função somente uma vez que pode ser também considerada fórmula canônica do *uso* dos sinais da linguagem no *Tractatus*: quando "'p' diz p", um sinal proposicional é usado como símbolo de um fato possível. Quando 'p' diz p, um sinal proposicional, que é sensivelmente perceptível (*T* 3.11), é usado *como* figuração de um fato possível. Quando "'p' diz p", vejo o símbolo no sinal, isto é, vejo o sinal *como* símbolo. É preciso atentar, no entanto, para: a fórmula "'p' diz p" representa, na verdade, o conceito formal do uso da linguagem como atribuição de um sentido a um sinal proposicional, e não como atribuição de um estado mental a alguém. Pois entender os sinais usados por outra pessoa não significa – nem poderia significar – ter acesso à mente dela. Do ponto de vista da apercepção linguística, faz sentido dizer que reconheço a linguagem do outro como minha, mas não faria sentido algum dizer que reconheço como minha a representação mental de outro.

É de fundamental importância atentar para a distinção entre os conceitos de "coordenação" (*Zuordnung*) e de "relação" (*Relation*). Toda coordenação é uma relação interna, isto é, formal e necessária do ponto de vista lógico. Como vimos no primeiro capítulo, as relações internas só podem ser *mostradas*, e elas se mostram no uso significativo da linguagem. Desde os *Notebooks*, Wittgenstein salientava o caráter não hipotético dessas relações:

> Lembre-se de que não há relações internas hipotéticas. Se uma estrutura é dada, e com ela uma relação estrutural, então deve haver uma outra estrutura com a qual a primeira se relacione. (Isso está envolvido na natureza das relações estruturais). (*NB*, p. 19, 25 out. 1914)

Se é correto tomar a fórmula "'*p*' diz *p*" como expressão do conceito formal do uso da linguagem no *Tractatus*, é preciso admitir que a linguagem só cumpre efetivamente sua finalidade quando as relações internas entre os elementos do sinal proposicional e os da realidade afigurada *mostram-se* no próprio ato de afigurar. Isso significa que "a coordenação dos fatos *por meio* da coordenação de seus objetos" deve ser entendida como uma relação interna que se instaura entre duas estruturas por meio das correspondências entre seus elementos, e é claro que se trata aí da correspondência entre os elementos da figuração e os elementos da realidade.

Se comparamos a análise da proposição a uma descrição de seu *uso* significativo, podemos dizer que, no *Tractatus*, essa descrição prescinde de qualquer explicação teórica acerca de atos intencionais que sejam qualitativamente distintos, pois, se o fundamental é a apreensão das correspondências estruturais que se mostram, pouco importa ao aspecto lógico do uso dos sinais o tipo de atitude que o sujeito possa ter em relação ao sentido. Assim, uma descrição do uso não deveria nada àquelas "formas proposicionais da psicologia", pois, se a proposição deve ocorrer essencialmente como base para operações de verdade, nenhuma explicação adicional precisa ser dada. Em especial, não caberiam explicações adicionais acerca de relações internas que *se mostram* no uso.

Sabe-se que Wittgenstein não gostou nenhum pouco da Introdução que Russell escrevera para o *Tractatus*. Embora não se conheçam exatamente as razões de seu desagrado, creio que a explicação fornecida por Russell à fórmula "'p' diz p" tenha sido um dos motivos, tendo em vista que, do modo pelo qual a explica, além de neutralizá-la como alternativa às próprias posições, Russell termina por recrutá-la como comprovação dessas posições. De acordo com Russell, a elucidação que Wittgenstein dá à fórmula é:

> O que se tem a explicar é a relação entre o conjunto de palavras que é a proposição considerada enquanto fato, por si própria, e o fato "objetivo" que torna a proposição verdadeira ou falsa ... Esse problema é simplesmente o de uma relação entre dois fatos, a saber, a relação entre a série de palavras usadas por aquele que crê e o fato que torna essas palavras verdadeiras ou falsas. A série de palavras é um fato tanto quanto é um fato o que a torna verdadeira ou falsa.[13]

Russell parece não interpretar a "coordenação" (*Zuordnung*) entre os dois fatos como uma relação interna na mesma acepção que Wittgenstein a concebe, isto é, como uma relação entre estruturas ou complexos articulados. De acordo com Russell, os "fatos" que entram em relação na fórmula são a "série de palavras" usadas por aquele que crê e o "fato objetivo" que a torna verdadeira ou falsa. No entanto, a coordenação tem vigência apenas quando as palavras – isto é, os elementos do sinal proposicional – já funcionam como "antenas" da figuração (*T* 2.1515), o que só é possível pela relação interna entre a estrutura da figuração e a estrutura do fato possível afigurado. O "segundo" fato da fórmula dificilmente poderia corresponder a um "fato objetivo", a menos que se tratasse apenas de proposições

---

[13] RUSSELL, B. "Introdução" ao *Tractatus*, op. cit., p.125.

verdadeiras. Parece que Russell falha em perceber que a coordenação entre os dois fatos se dá *por meio* da coordenação de seus objetos, e é precisamente essa ideia que possibilita a constituição do sentido de maneira independente da existência do fato "objetivo" que a proposição afigura – dependendo exclusivamente da existência necessária dos objetos que constituem a substância do mundo. A falha em realçar a importância da ideia de coordenação como uma relação interna entre estruturas é o que leva Russell a cometer outro deslize:

> A relação entre esses dois fatos [a série de palavras e o fato que a torna verdadeira ou falsa] é analisável, já que o significado de uma proposição resulta do significado das palavras que a constituem. O significado da série de palavras que é a proposição é uma função do significado das palavras isoladas.[14]

Ora, se a relação entre os fatos envolvidos na fórmula é interna, então é claro que, para Wittgenstein, ela não pode ser "analisável", uma ideia que Russell deriva de sua concepção de que o significado da proposição ("sentido" seria o termo correto) se define como uma série de significados isolados. No entanto, de acordo com o conceito de figuração do *Tractatus*, os significados (*Bedeutungen*) não são espécies de unidades avulsas, e é por isso mesmo que funcionam como pontos de correspondência formal entre estruturas. É no passo seguinte, contudo, que Russell acaba dando à fórmula de Wittgenstein – e aí pouco importa se por desentendimento ou má-fé – uma interpretação contrária à que seu dileto aluno tinha em mente:

> O ponto genuíno é que, na crença, no desejo etc., o que é logicamente fundamental é a relação de uma proposição, conside-

---

[14] Ibidem, p.125.

rada *como um fato*, com o fato que a torna verdadeira ou falsa, e que essa relação entre dois fatos é redutível a uma relação entre seus constituintes. Assim, a proposição simplesmente não ocorre no mesmo sentido em que ocorre numa função de verdade.[15]

Pode-se apontar aí três equívocos de Russell. O primeiro, a que de certo modo já nos referimos, consiste em não entender que traçar sua figuração não confere ao fato um estatuto ontológico, e é por isso que um fato afigurado não pode ser um fato "objetivo". O segundo equívoco está em Russell tomar a ideia de uma coordenação de fatos *por meio da* coordenação de seus objetos ser como legitimação de uma operação de "redução" da coordenação a "relações duais" entre seus constituintes. Mas é claro que, se assim fosse, perder-se-ia a própria noção de *isomorfia* entre estruturas complexas, para a qual a fórmula de Wittgenstein chama a atenção. Não há como pensar em uma "redução" a uma "relação entre os constituintes", isto é, não se pode reduzir os pontos da "coordenação" a relações duais, posto que se trata de uma relação interna entre "estruturas". Por isso mesmo é que se trata da coordenação entre fatos, isto é, entre complexos logicamente articulados e em relação isomórfica.

Ao cometer o equívoco de tomar a "coordenação" entre os fatos como uma relação analisável e redutível a relações duais entre seus constituintes, Russell acaba afirmando, *contra* o que pretende Wittgenstein, que as formas proposicionais da psicologia constituem, sim, exceções à tese da extensionalidade, já que elas "não" ocorrem "no mesmo sentido em que ocorre uma função de verdade". Com efeito, Russell está atribuindo a Wittgenstein a tese de que "'*p*' diz *p*" é uma proposição – o que implica que o "dizer" pressupõe uma *relação externa* entre a proposição e o fato que ela afigura. Da ótica

---

[15] Ibidem, p.126.

de Russell, a figuração seria o produto de uma "relação múltipla", estabelecida pelo ato do juízo, entre a série de palavras e os constituintes do fato afigurado. Com isso, ele faz voltar contra Wittgenstein a própria arma que foi elaborada para atacá-lo.[16]

Russell concebe a estrutura da proposição atômica como passível de ser dissecada em partes mais simples, sendo o produto de cada dissecção analisável em termos de relações de designação. Para Wittgenstein, no entanto, não pode haver um desmembramento da proposição em seus elementos: a análise ou a descrição do uso de uma proposição não pode desarticulá-la, pois não é possível dissolver o sentido em significados isolados. Russell analisa a fórmula tentando comprovar que as "formas proposicionais da psicologia" são contraprovas à tese da extensionalidade e tende a projetar, na fórmula de Wittgenstein, sua própria teoria do juízo como relação múltipla. Vejamos, a seguir, uma exposição breve dessa teoria.

No capítulo intitulado "The Understanding of Propositions", parte II de *Theory of Knowledge*, Russell busca descrever a estrutura lógica do juízo ou do "pensamento proposicional".[17] No final desse texto, formula algumas questões a que suas análises precedentes conduziram: elas dizem respeito à concepção da "forma" de um complexo, à relação de familiaridade de um sujeito com essa forma, e, por fim, à estrutura lógica do fato que consiste em um dado sujeito entender uma dada proposição.[18] O primeiro aspecto a chamar a

---

[16] Na "Introduction to the Second Edition" dos *Principia*, escrita em 1927, Russell e Whitehead fazem menção à tese da extensionalidade do *Tractatus* como uma visão que, apesar das dificuldades, deve ser mantida. Nessa ocasião, afirmam que "'A acredita que p' não é uma função de p". WHITEHEAD, A. N.; RUSSELL, B. *Principia Mathematica to *56*. (2. ed. 1927) Cambridge: Cambridge University Press, 1997. p.XIV. (Primeira publicação: 1910)

[17] RUSSELL, B., *Theory of Knowledge*, op. cit., p.107.

[18] Ibidem, p.113.

atenção é a via trilhada por Russell o levar a conceber a forma do complexo *em separado* da proposição que o exprime. Em um dado momento, ele pergunta: "Qual é a prova de que devemos entender a 'forma' antes que possamos entender a proposição?". Como resposta, propõe:

> Suponha-se que desejamos entender "*A* e *B* são semelhantes". É essencial que nosso pensamento, como se diz, "una" ou "sintetize" os dois termos e a relação; mas não podemos "uni-los" *realmente*, já que *A* e *B* ou são semelhantes – caso em que já estão unidos – ou são dessemelhantes – caso em que nenhum esforço de pensamento pode fazer com que se unam.[19]

Sua dificuldade consiste em: de um lado, parece-lhe essencial que *A*, *B* e a relação de semelhança devam ser unidos pelo pensamento; de outro, porém, ele admite que essa operação do pensamento não determina *realmente* a ocorrência ou não da relação. Para Russell, o processo de "unir" que podemos efetuar no pensamento é o processo de trazer os termos *A* e *B* a uma relação com a forma geral dos complexos duais concebida como "algo e algo têm uma certa relação". Assim, nosso entendimento da proposição, diz Russell, poderia ser expresso nas palavras "algo, a saber, *A*, e algo, a saber, *B*, têm uma certa relação, a saber, semelhança". Contudo, essas relações produzidas pela mente *não são as mesmas* que se dão entre os constituintes de um complexo real:

> Em um complexo real, a forma geral não é pressuposta; mas quando estamos preocupados com uma proposição que pode ser falsa, e na qual, portanto, o complexo real não é dado, nós temos,

---

[19] Ibidem, p.116.

por assim dizer, somente a "ideia" ou "sugestão" dos termos que estão sendo ligados nesse complexo; e isso, evidentemente, requer que a forma geral do complexo meramente suposto seja dada.[20]

Russell distingue entre "complexo real dado" e "complexo meramente suposto", sendo o último aquele por meio do qual temos somente a "ideia" ou a "sugestão" de um complexo real. A forma geral dos complexos duais é requerida apenas no complexo meramente suposto, já que ela não é pressuposta no complexo real dado. Ou seja, os constituintes e as relações que a mente produz no pensamento *não correspondem* aos constituintes e às relações dos complexos reais dados – e é isso que permite Russell dizer que a forma geral dos complexos duais é constituinte *apenas* do complexo meramente suposto. No entanto, como tal forma é dada e qual seria seu estatuto é algo que permanece obscuro. De qualquer modo, depreende-se dessa passagem que existem certas formas gerais de complexos que, de um lado, não são realmente pressupostas, mas, de outro, são requeridas para formar ideias ou sugestões de complexos.

Russell caracteriza o entendimento como uma "relação relacionante" (*relating relation*) nos seguintes termos:

> Segue-se que, quando um sujeito S entende "A e B são semelhantes", o "entendimento" é a relação relacionante e os termos são S e A e B e semelhança e $R(x,y)$, em que $R(x,y)$ substitui a forma "algo e algo têm alguma relação". Assim, um primeiro símbolo para o complexo será: $E \{S, A, B, \text{semelhança}, R(x,y)\}$.[21]

Apesar de todo o esforço, o próprio Russell admite que esse símbolo "não esgota a análise da forma do complexo do entendimento",

---

[20] Ibidem.
[21] Ibidem, p.117 ("E" sinaliza "entendimento").

já que há muitas espécies de complexos de cinco termos, e temos de especificar, em cada caso, as relações que se dão entre os constituintes das proposições dessa forma.[22] Não obstante isso, importa ressaltar que o entendimento é concebido como um fato mental complexo que pode ser analisado como um composto de diferentes espécies de relações: (1) *uma*, que vai do sujeito S para A, B, a semelhança e a forma $R(x,y)$; (2) *outra*, que vai de $R(x,y)$, que é a forma geral dos complexos duais, para a semelhança; e (3) *outra* que vai de $R(x,y)$ para A e B, enquanto (4) *outra* relação vai da semelhança para A e B. Russell diagrama essas diferentes relações em uma espécie de "mapa da mente", que representaria o que ocorre quando entendemos uma proposição que afirma a semelhança entre dois termos. Ao compô-lo, ele distingue os vários sentidos das relações por meio de flechas, sendo possível ao leitor identificar oito sinais distintos de direção. Ora, quando Wittgenstein diz que "proposições são como flechas" (*T* 3.144), sua concepção jamais poderia ser diagramada pelas flechas do mapa de Russell.

O âmago das controvérsias filosóficas entre Wittgenstein e Russell reside no fato de que, enquanto para esse *todas* as relações são externas, o *Tractatus* estabelece que são as relações internas – entre as coisas e os estados de coisas de que podem fazer parte; entre a proposição e o fato que ela representa; entre o nome e o objeto; e entre o sujeito metafísico e a substância do mundo – que constituem a espinha dorsal do sistema. Desde 1910, Russell recusa o "axioma das relações internas", o qual, segundo ele, consiste na afirmação de que "toda relação está fundada na natureza dos termos relacionados".[23] Ao recusar essa premissa, Russell defende sua teoria das relações externas:

---

[22] Ibidem.
[23] RUSSELL, B. "The Monistic Theory of Truth". In: Ibidem. *Philosophical Essays*. London: George Allen & Unwin, 1966. p.139.

De acordo com a visão oposta, que é a que defendo, existem fatos tais que um objeto está numa certa relação com outro, e fatos tais que não podem em geral ser reduzidos a um fato ou dele inferidos sobre um objeto apenas, juntamente com um fato sobre o outro objeto apenas: eles não implicam que dois objetos têm qualquer complexidade ou qualquer propriedade *intrínseca* distinguindo-os de dois objetos que não têm a relação em questão.[24]

No Manuscrito de 1913, Russell reafirma o princípio dizendo que uma "diferença de relações não fornece nenhuma evidência para a diferença de predicados intrínsecos".[25] No essencial, o princípio das relações externas consiste na recusa de que as relações dependam da "natureza" dos objetos relacionados e na recusa de que uma diferença de relações implique uma diferença entre propriedades ou predicados intrínsecos dos objetos relacionados.[26] Contrariamente ao que Russell propõe, pelos conceitos formais da ontologia no *Tractatus*, vimos que são as propriedades internas dos objetos, entendidas como propriedades formais, que determinam as relações internas entre eles e os estados de coisas de que podem fazer parte: a coisa, diz Wittgenstein, não é autossuficiente, de modo que *depois* se "ajustem" a ela as situações (*T* 2.0121).

Na verdade, o princípio defendido por Russell pode ser considerado uma referência negativa dessa tese fundamental do *Tractatus*.

---

[24] RUSSELL, B. *Philosophical Essays*, op. cit., p.139.
[25] RUSSELL, B. "Analysis of Experience". In: Ibidem. *Theory of Knowledge*, op. cit., p.43.
[26] De acordo com Julien Vuillemin, Russell teria recusado a doutrina das relações internas pelo fato de ela ter lhe parecido particularmente inaplicável no caso das relações assimétricas – relações que, se ocorrem entre *A* e *B*, não ocorrem entre *B* e *A* – que são essenciais em toda a matemática. Cf VUILLEMIN, J. *Leçons sur la première philosophie de Russell*. Paris: Librairie Armand Colin, 1968. p.167.

Para Wittgenstein, a predicação elementar é concebida como uma ligação (*Verbindung*) contingente entre os objetos, mas essa ligação assenta-se sobre as possibilidades lógicas de combinação determinadas pela própria natureza dos objetos – sendo precisamente *esse* o fundamento pelo qual é impossível, do ponto de vista do *Tractatus*, produzir um contrassenso. Se "o que é lógico não pode ser meramente possível" (*T* 2.0121), então é claro que, ao contrário do que pensava Russell, figurar um estado de coisas que não há não significa figurar um "complexo meramente suposto".

O problema na teoria de Russell não é apenas o de que a correção do sentido proposicional não está *logicamente* garantida, mas o de que ele tampouco consegue torná-la *epistemologicamente* garantida. Do ponto de vista do *Tractatus*, as ligações entre os objetos não precisam ser filosoficamente elucidadas como "construídas" e menos ainda "subjetivamente construídas" em um ato de juízo. A opção filosófica de Wittgenstein consiste simplesmente em concebê-las como dadas e logicamente asseguradas pela forma fixa da substância do mundo.[27]

Quando se focaliza a terceira versão da teoria do juízo de Russell, é fácil notar que são relações externas que vigem entre os objetos do juízo; entre a forma do complexo e os objetos do juízo; e entre o sujeito e todos os outros constituintes do fato do juízo. A razão pela qual o entendimento de uma proposição é explicitado em termos de uma complicada rede de relações externas consiste em que as relações não são condicionadas por nada que seja intrínseco aos constituintes em

---

[27] É notável que, embora tenha dado importância ao ato do juízo, Frege não poderia ser alvo da mesma crítica que Wittgenstein endereça a Russell. A diferença reside em que, para Frege, o juízo, na qualidade de mero ato assertivo, não indica nenhum tipo de intervenção na constituição do sentido. Para Frege, o ato do juízo não é constitutivo do sentido: a função do traço assertivo, em Frege, apenas dota a proposição de uma "força assertiva".

questão. Essa é a razão também por que a mente – que é um dos constituintes do fato do juízo – é requerida para estabelecer as relações. Mas a própria relação da mente com cada um dos constituintes também é externa. Assim, estamos diante de uma noção de juízo na qual ter uma relação de familiaridade com os constituintes é a única condição para que se "una" ou "sintetize" o que se deseja. A consequência disso é automática: a ser assim, tudo parece depender do poder mental criativo do sujeito. Se, para além da relação dual, externa e empírica de *acquaintance*, não há mais nada que possa ser requerido como fundamento ou condição do juízo ou pensamento, em que a operação do juízo se distinguiria de uma mera associação psicológica de significados isolados? O ponto de contraste com Wittgenstein não incide apenas sobre o fato de Russell buscar uma garantia de ordem epistemológica – afinal, há um "conhecimento do objeto" pressuposto no *Tractatus* –, mas sobre a ineficiência, para a elucidação da questão, do tipo de conhecimento que Russell defende.

Pois bem, o "conhecimento do objeto" ao qual se vincula a apreensão de uma totalidade pela intuição *sub specie aeterni* é incompatível com o "conhecimento por familiaridade" de Russell. O pré-predicativo na teoria russelliana do juízo encerra relações externas e duais entre uma "entidade", o sujeito, e outra "entidade", o objeto:

> Definiremos o "sujeito" como uma entidade que está familiarizada com algo, isto é, "sujeitos" são o domínio da relação de familiaridade. Inversamente, toda entidade com a qual algo está familiarizado será chamado um "objeto", i. e., "objetos" são o domínio oposto da relação de familiaridade. Uma entidade com a qual nada está familiarizado não será chamado um objeto.[28]

---

[28] RUSSELL, B. *Theory of Knowledge*, op. cit., p.35.

Ajustando-se ao figurino do empirismo clássico, Russell define a relação de *acquaintance* como um ato pelo qual a mente, entendida como receptividade, é uma instância afetada por objetos, diferentes dela, que se encontram no mundo exterior. Ora, se são as relações de *acquaintance* que fundam a constituição do sentido proposicional na teoria do juízo de Russell, a psicologia ingressa nessa teoria não pela porta do fundo, mas pela da frente – o que basta para tomá-la, também sob esse aspecto, uma referência negativa às concepções metafísicas, ontológicas e não teóricas do *Tractatus*. Como já vimos, as relações internas não podem ser representadas, não podem ser discursivamente tratadas ou estabelecidas. A relação de representação que vige entre nome e objeto, por exemplo, é a de "substituição" (*Vertretung*), uma relação interna que em momento algum aparece como produzida por uma experiência particular de vinculação. Russell assume como "hipótese" a existência de outras pessoas e a existência de coisas físicas não percebidas.[29] Porém, no *Tractatus*, a existência das coisas é pressuposta como uma necessidade *lógica*, não como uma hipótese a ser teoricamente trabalhada. O próprio Russell admite, em sua "Introdução" ao *Tractatus*, que "Wittgenstein não sustenta que possamos efetivamente isolar o simples ou ter dele um conhecimento empírico" bem como que "é uma necessidade lógica que a teoria demanda, como um elétron".[30] Isso indica que o domínio do pré-figurativo no *Tractatus* não poderia ser concebido por meio de relações externas e duais que têm sua fonte em um conceito de experiência sensível segundo o empirismo clássico. Dada sua dignidade metafísica, a substância do mundo jamais poderia aparecer como *empiricamente* constituída.

Logo no início do capítulo "The Understanding of Propositions", Russell admite que a divisão tripartite da lógica tradicional é apro-

---

[29] Ibidem, p.14.
[30] RUSSELL, B. "Introdução" ao *Tractatus*, op. cit., p.117.

priada à teoria do conhecimento. À divisão tradicional entre termos, proposições e inferências, ele faz corresponder "conhecimento dos termos", "conhecimento de proposições atômicas" e "conhecimento de proposições moleculares". O "conhecimento dos termos" explicita-se em termos do que ele chama de *"acquaintance"*, e o "conhecimento de proposições atômicas", em sua teoria do juízo, como relação múltipla.[31] Ao considerar apropriada essa divisão tripartite, não estaria Russell concebendo a aplicação da lógica simbólica à luz de uma teoria do conhecimento inscrita *ainda* no paradigma da *Lógica de Port-Royal*? Não seria a relação de *acquaintance* uma nova versão da "primeira operação do espírito", chamada de "conceber" por Arnauld e Nicole?[32] Não estaria Russell, enfim, dedicando-se a aperfeiçoar uma orientação epistemológica que talvez Wittgenstein esperasse que ele substituísse? O esforço não deveria ser o de encontrar, no paradigma da lógica simbólica, os fundamentos de uma *nova* teoria do conhecimento? Não estaria Russell, aos olhos de Wittgenstein, retrocedendo ao modelo epistemológico de "outra" lógica e, com isso, dando um passo atrás do ponto de vista filosófico?

Não é difícil imaginar o quanto, para quem tem em mira uma concepção transcendental da nova lógica, pareceram insuficientes as iniciativas de Russell. Seria, no entanto, injusto não reconhecer o débito de Wittgenstein para com ele. Pois, ainda que discordasse de

---

[31] RUSSELL, B. *Theory of Knowledge*, op. cit., p.105.
[32] ARNAULD, A.; NICOLE, P. *La logique ou l'art de penser*. Paris: PUF, 1965. Publicada em 1662, a chamada *Lógica de Port-Royal* tem como plano geral a distinção entre as quatro operações essenciais do espírito, que são: conceber, julgar, raciocinar e ordenar (*Logique...*, p. 37 e 104). Segundo essa lógica, o conceito de "julgar" é: "Após ter concebido as coisas pelas nossas ideias, nós comparamos essas ideias em conjunto e julgamos que umas convêm entre si e que outras não convêm, nós as ligamos ou separamos, o que se chama *afirmar* ou *negar*, e geralmente *julgar*" (*Logique...*, p.113).

Russell em quase tudo o que se referisse às questões "propriamente filosóficas", parece indubitável que Wittgenstein tenha-se beneficiado da leitura de seus escritos e das discussões que mantinha com ele quando concebia o sistema do *Tractatus*. Levando isso em consideração, é possível que a própria noção de sujeito metafísico – que Wittgenstein claramente distingue de uma noção psicológica da subjetividade – tenha as reflexões de Russell, além das de Schopenhauer e Kant, sobre a subjetividade (inclusive sobre o solipsismo) como um inegável – embora, sem dúvida, negativo – pano de fundo.

Depois de expor a relação de *acquaintance* como dual entre um sujeito e um objeto, Russell trata de esclarecer que, contrariamente ao que já defendera, sua concepção atual dessa relação não inclui a possibilidade do reconhecimento de um "eu" pela introspecção.[33] Adotando a mesma posição de Hume, Russell argumenta então a favor do caráter evasivo, ilusório ou impalpável de um "eu" que se tenta definir pela instrospecção. Distinguindo o significado da palavra "ego", que é universal, do significado da palavra "eu", Russell afirma que a última não pode ser considerada um nome próprio, uma vez que nomes próprios só podem ser conferidos aos objetos dos quais temos um conhecimento direto.

Quando temos consciência de experimentar um objeto *O*, alega Russell, esse dado pode ser definido como o fato de que "algo tem conhecimento direto de *O*". Como nada da natureza intrínseca do sujeito pode ser conhecido, ele é concebido como um mero referente da relação de *acquaintance* e de todas as relações psíquicas – julgar,

---

[33] Nesse ponto da discussão, ele esclarece em uma nota de rodapé que, em uma primeira versão de sua concepção da relação de *acquaintance* – apresentada em seu "Knowledge by Acquaintance and Knowledge by Description" (*Proceedings of Aristotelian Society*, 1910-11, p.110-27) –, ele teria provisoriamente mantido que teríamos um conhecimento direto do sujeito dessa relação (*Theory of Knowledge*, op. cit., p.36, nota 40).

querer etc. – que impliquem familiaridade.[34] "Sujeito", diz Russell no final do mesmo capítulo, é uma palavra que se aplica a "tudo que tem familiaridade com objetos".[35] E a "autoconsciência" ocorre quando temos uma experiência da experiência de O.[36] A "autoconsciência" seria uma "segunda" experiência, que pode ser assim simbolizada:

$$S' - P - (S - A - O)$$

Nessa simbolização, S' é o sujeito da autoconsciência, P é a "presença" dos objetos concernentes à primeira experiência, que é simbolizada por um sujeito S que se encontra na relação de *acquaintance* A com um objeto O. A conclusão de Russell é tão bizarra quanto incompreensível: a seus olhos

> não há nenhuma boa razão por que os dois sujeitos, S e S', devam ser numericamente o mesmo: o 'eu' (*self*) ou 'mente' que abrange a ambos pode ser uma construção, e não necessita, tanto quanto as necessidades lógicas ... estão concernidas, envolver a identidade dos dois sujeitos.[37]

O que é sobremaneira incompreensível é a razão pela qual Russell tenta combinar a tese humiana do não encontramento do eu na experiência com um conceito de "autoconsciência", visto que, ao fazê-lo, em vez de legitimar, ele termina por destruir a própria noção de um "eu reflexivo". Como não há uma relação interna entre S e S', a autoconsciência pode ser uma "construção" que não implica a identidade de S e S'.

---

[34] RUSSELL, B. *Theory of Knowledge*, op. cit., p.36.
[35] Ibidem, p.44.
[36] Ibidem, p.38.
[37] Ibidem.

As reflexões de Russell sobre o solipsismo apontam para um conceito psicológico do "eu": suas observações se dão no âmbito da relação entre o sujeito psicológico e os objetos particulares da experiência presente. Nada a ver, portanto, com o conceito de solipsismo no *Tractatus*, vinculado ao sujeito metafísico em relação interna com a substância do mundo. Em Russell, a existência de objetos depende da experiência de *acquaintance*, o que lhes confere um caráter hipotético; no *Tractatus*, essa existência é simplesmente pressuposta. Russell vincula o solipsismo à tese de que "toda palavra que entendemos agora deve ter um significado que cai dentro de nossa experiência presente" ou "consciência momentânea".[38] Para Russell, a "questão do solipsismo" é a de investigar qual é a razão que nos leva a acreditar em tudo o que existe, existiu ou existirá, e está fora de nossa experiência presente.[39] É assim que, do ponto de vista linguístico, o solipsismo vincula-se à concepção dos significados dos nomes como objetos mentais, instaurados pela experiência presente. Ora, assim como Russell, Wittgenstein não negaria que o uso da linguagem envolve a experiência presente e psicológica, mas a doutrina do solipsismo que ele defende consiste em uma recusa de limitar o escopo da teoria do conhecimento à experiência. No *Tractatus*, o "conhecimento do objeto" não pode ser considerado "empírico"; os objetos não são particulares em relação aos quais se requer uma experiência de contato sensível; o sujeito do solipsismo não está correlacionado a particulares da experiência sensível, mas ao mundo como totalidade. Enquanto o sujeito do solipsismo de Russell está inscrito no tempo como duração, o do *Tractatus* vive no presente, não como um momento do fluxo temporal da experiência imediata, mas como atemporalidade, eternidade. Como se viu, a eternidade e o instante só se entrecruzam no ato de apercepção – expediente do

---

[38] Ibidem, p.10.
[39] Ibidem, p.13.

qual Russell jamais poderia lançar mão, dada sua concepção de "autoconsciência". Desde 1910, no ensaio "Sobre a natureza da verdade", em que apresenta a primeira versão da teoria do juízo, Russell enfrenta o problema da *unidade* do sentido das proposições atômicas. Por seu lado, o *Tractatus* insere a unidade na dimensão da relação interna entre o sujeito metafísico e a totalidade dos objetos. A figura transcendental do sujeito metafísico vem conferir unidade ao mundo como totalidade, mas não tem a função de conferir unidade à forma lógica específica de uma proposição elementar: não há problema da unidade no plano da figuração elementar no *Tractatus*, como há no plano do juízo elementar em Russell.

Para finalizar, é bom notar que, no livro de Wittgenstein, a forma de ligação entre os objetos jamais poderia ser tratada como um constituinte isolável no fato da figuração – o que evita os problemas que Russell enfrentou em sua terceira versão. Para Wittgenstein, a forma lógica das proposições não tem origem subjetiva, como em Kant, nem pode ser um componente a mais, como em Russell. É por conceber a forma como um constituinte isolado que Russell tem de explicitá-la também em termos de uma relação de *acquaintance*. De todo modo, uma coisa é certa: o estatuto problemático da forma na terceira versão é um subproduto da concepção de que todas as relações são externas.

Figuração *versus* síntese

Quando tenta instaurar um sistema transcendental de lógica e filosofia, Wittgenstein opta por uma via que o distancia da vocação empirista das reflexões e dos escritos de Russell. Ao assumir a tarefa de estabelecer os limites e as condições de possibilidade de todo discurso significativo, ele se alinha à tradição da filosofia crítica, inaugurada por Kant. No entanto se, do ponto de vista geral de seu projeto filosófico, ele se torna um filósofo "kantiano", é preciso também reconhecer que, a fim de tornar viável a empreitada crítica no domínio da linguagem, ele se vê obrigado a adotar um método de investigação que não pode subscrever certas teses centrais do idealismo kantiano. Neste título, tentarei apenas salientar – de modo breve e geral – que o conceito de "síntese", tão caro à concepção do juízo em Kant, não poderia ter lugar em uma teoria do conhecimento compatível com o *Tractatus*.

De acordo com Beatrice Longuenesse, o entendimento, como "poder de julgar" (*Vermögen zu urteilen*), pode ser considerado em Kant uma "possibilidade ou potencialidade de formar juízos".[40] Desse poder de julgar, interessa-nos aqui somente o aspecto sob o qual ele é entendido como uma *faculdade ativa de síntese*, por meio da qual os fenômenos são determinados.[41] A passagem da *Crítica da razão pura* que cumpre salientar é:

> toda ligação, acompanhada ou não de consciência, quer seja ligação do diverso da intuição ou de vários conceitos ... é um ato do entendimento a que aplicaremos o nome genérico de *síntese*, para fazer notar, ao mesmo tempo, que não podemos representar coisa alguma como sendo ligada no objeto se não a tivermos, nós, ligado previa-

---

[40] LONGUENESSE, B. Introduction. In: Ibidem. *Kant et le pouvoir de juger: sensibilité et discursivité dans l'Analytique transcendental de la Critique de la raison pure.* Paris: PUF, 1993. p.XIV.

[41] Como se sabe, há duas versões da dedução transcendental das categorias – a primeira encontra-se na primeira edição da *Crítica da razão pura*, de 1781, e a segunda, na segunda edição, de 1787 –, e esse fato é objeto de um grande número de estudos e polêmicas. O ponto central das discussões incide sobre o fato de que, na dedução de 1781, a síntese ou a ligação do diverso sensível era operada pela imaginação (que atuava como um intermediário entre o dado recebido pela sensibilidade e a unidade do entendimento), enquanto, na última versão, de 1787, Kant atribui o poder de síntese somente ao entendimento. Por motivos óbvios, passarei totalmente ao largo dessa espinhosa questão e adotarei, por comodidade, apenas a última versão como base.

mente, e também que, entre todas as representações, a *ligação* é a única que não pode ser dada pelos objetos, mas realizada unicamente pelo próprio sujeito, porque é um ato da sua espontaneidade. Aqui facilmente notamos que esse ato deve ser originariamente uno e deverá ser igualmente válido para toda a ligação e que a decomposição em elementos (a *análise*), que parece ser o seu contrário, sempre afinal a pressupõe; pois onde o entendimento nada ligou previamente, também nada poderá decompor, porque só *por meio dele* foi possível ser dado algo como ligado à faculdade de representação.[42]

O ponto fundamental consiste em que toda ligação é síntese, e toda síntese é um ato de espontaneidade do entendimento. Para Kant, não podemos representar coisa alguma como ligada no objeto se "nós" não a tivermos ligado previamente, de modo que a ligação é a "única" que não pode ser dada pelos objetos, podendo ser realizada "unicamente pelo próprio sujeito". Além disso, Kant esclarece que o entendimento só pode analisar – isto é, decompor o juízo em seus elementos – aquilo que ele próprio ligou: a análise "pressupõe" a síntese. Essa tese está também ligada à afirmação de Kant de que "a unidade *analítica* da apercepção só é possível sob o pressuposto de qualquer unidade *sintética*".[43] Ao comentar esta última passagem, Allison esclarece que ela comporta duas afirmações distintas: (1) "a consciência da identidade do 'eu penso' *contém* uma síntese"; e (2) "ela [a consciência da identidade] é possível somente através de uma consciência dessa síntese".[44] Ou seja, a síntese está pressuposta por todo ato de julgar e pelo ato de apercepção.

---

[42] KANT, I. *Kritik der reinen Vernunft.* Hamburg: Felix Meiner Verlag, 1998. B 130. (Daqui em diante, essa obra será referenciada pela sigla *KrV*.)
[43] Ibidem, B 134.
[44] ALLISON, H. *Kant's Transcendental Idealism: an Interpretation and Defense.* New Haven, London: Yale University Press, 1983. p.141.

A tábua dos conceitos puros do entendimento ou categorias é obtida por meio da tábua das formas lógicas do juízo, sendo a última considerada o "fio condutor" para o estabelecimento da primeira. O objetivo de Kant é explicar que os fenômenos estão submetidos às categorias, e, para isso, ele precisa mostrar que as categorias nada mais são que as próprias regras do uso lógico do entendimento. No § 10 da analítica dos conceitos, em que faz a "dedução metafísica" das categorias, Kant deixa claro que o paralelismo entre as duas tábuas se fundamenta no fato de ambas estarem vinculadas a uma "mesma função". De acordo com o filósofo, "a mesma função que dá unidade às diversas representações *num juízo* dá também unidade à mera síntese de representações diversas *numa intuição*" e essa unidade "designa-se por conceito puro do entendimento".[45] Para Longuenesse, essa afirmação resulta de duas outras que Kant tenta demonstrar na "dedução transcendental" das categorias: (1) a de que, antes de todo conceito, uma síntese (ligação) do diverso da intuição sensível *a priori* é necessária; e (2) a de que a unidade dessa síntese é representada por conceitos *a priori*, que são as categorias.[46] Essa autora entende que o estabelecimento da tábua das categorias segundo o "fio condutor" da tábua das formas lógicas do juízo supõe, em certa medida, admitida a dedução transcendental das categorias, do mesmo modo que esta é, antes de tudo, orientada pela afirmação de uma "identidade de origem" entre as formas lógicas do juízo e os conceitos puros do entendimento.[47]

Não por acaso, o § 10 da analítica tem a síntese como tema central: são as categorias, como componentes essencialmente subjeti-

---

[45] KANT, I. *KrV*, op. cit., A 79/B 105.
[46] B. LONGUENESSE, B. *Kant et le pouvoir de juger*, op. cit., p.17.
[47] Ibidem.

vos,⁴⁸ que forneçem as regras para a síntese, ou as regras para a subsunção, permitindo estabelecer as relações entre os componentes do juízo. Em Kant, as relações entre os objetos são *externas*, de modo que as possibilidades lógicas das ligações entre eles dependem das funções lógicas das sínteses que só o entendimento pode efetivar.

No *Tractatus*, contudo, figurar não significa operar nenhum tipo de síntese, o que significa que a análise última da linguagem *não* pressupõe síntese. No *Tractatus*, a figuração determina a realidade e é comparada a um padrão de medida, a uma régua. Porém, não é possível dizer que o poder de afigurar seja comparável ao de participar da composição da realidade: ao figurar fatos, não estamos ativando regras *próprias* da nossa atividade discursiva, como ocorre na concepção kantiana do poder de julgar. Desde que a possibilidade lógica de ligação reside na própria *natureza* dos constituintes da figuração, não haveria como dizer que o ato de ligação deva-se "unicamente" ao próprio sujeito, ou que se constitua como um ato exclusivo de sua "espontaneidade", se com isso se pretende negar que a ligação seja possibilitada pela natureza intrínseca desses constituintes. Se figurar significa escolher uma entre todas as possibilidades lógicas de combinação dos constituintes, pouco importa se essa escolha é uma atitude ativa ou passiva, já que ela reflete uma possibilidade

---

⁴⁸ É bom esclarecer que, diferentemente de Peter Strawson, por exemplo, não considero a síntese uma noção de dimensão estritamente psicológica. Todo o esforço consiste em considerar o modelo da síntese em simetria com o modelo da análise, via pela qual a dimensão epistemológica do conceito é a que interessa. Embora essas notas sobre o conceito kantiano de síntese sejam perfeitamente escolares e gerais, quero elucidar que, ao enfatizá-lo, não pretendo, de modo algum, aderir à tese de existência de uma "psicologia transcendental" em Kant. Em nota de rodapé, Longuenesse (*Kant et le pouvoir de juger*, op. cit,. p.20) critica essa tese de Strawson. Em momento algum, considero que a dimensão subjetiva em Kant encerre uma conotação estritamente psicológica.

genuína que se encontra inexoravelmente domesticada pela forma fixa da substância do mundo.

No *Tractatus*, o entendimento pressupõe a intuição *sub specie aeterni*, e, nessa medida, deve poder refletir, em proposições elementares, combinações possíveis das coisas dadas em sua totalidade naquela intuição. A análise regressiva chega ao fim quando o que só pode ser intuído é mostrado no que é dito. Essa análise não pressupõe, contudo, síntese de nenhuma espécie, na medida exata em que as possibilidades de ligações entre os objetos só podem ser dadas pela rede de relações internas inscritas na substância do mundo. Pois bem, a filosofia de Kant consiste na demonstração de que nosso entendimento é discursivo, e não intuitivo. E o exercício do entendimento discursivo depende, como lembra Longuenesse, de sua relação com "intuições singulares dadas de um outro lado e irredutíveis aos conceitos pelos quais elas são pensadas".[49] Toda síntese supõe subsunção, ou seja, um esquema que pressupõe, de um lado, a distinção entre forma e conteúdo e, de outro, a determinação do conteúdo pela forma. No *Tractatus*, porém, as formas lógicas elementares são dadas pela substância do mundo, que é forma *e* conteúdo. Não há lugar para se pensar em um diverso que precise ser ordenado, porque não há lugar para formas *a priori* que sejam exclusivas de nossa receptividade, nem para funções de síntese que sejam exclusivas de nossa atividade discursiva. A forma da substância do mundo é a possibilidade da estrutura, mas a estrutura não se constitui segundo o esquema da subsunção de um conteúdo dado a uma forma sobre o qual se aplica. A distinção que Wittgenstein traça entre a forma fixa da substância do mundo e as estruturas, ou configurações, dos estados de coisas não encerra a distinção, presente em Kant,

---

[49] LONGUENESSE, B. Introduction, *Kant et le pouvoir de juger*, op. cit., p.XVIII.

entre "forma" e "forma preenchida por um conteúdo". Para haver subsunção, tem de haver uma distinção entre aquilo que é subsumido – as intuições sensíveis – e aquilo que subsume – as formas lógicas do juízo. O que subsume constitui a *fonte* da ordenação, a *fonte* das regras de composição das estruturas.

Traçar figurações dos fatos, estruturar a realidade de algum modo, significa fazê-lo *dentro* dos limites da sintaxe determinada pela substância do mundo. Só uma alteração na substância do mundo e, portanto, na totalidade dos objetos, poderia implicar a ideia de uma "criatividade" dentro do espaço lógico. Por esse motivo, dizer que *estruturamos* a realidade por meio da figuração significa dizer apenas que *escolhemos* uma entre todas as possibilidades lógicas e ontológicas de combinação. Quando figuramos um fato, estamos coordenados à realidade por meio da coordenação dos constituintes da figuração com os constituintes da realidade, sem que um ato de síntese seja requerido para estruturá-la.

No capítulo anterior, distinguimos a noção de *unidade* como totalidade de uma noção de unidade da consciência. Podemos recorrer agora a esse contraste para mostrar que a noção de unidade como totalidade, além de prescindir de qualquer noção de síntese, favorece a ideia de que, ao afigurar, "recortamos" no espaço lógico uma "porção" da realidade. Justapor a régua à realidade é, pois, algo muito distinto de subsumir conteúdos dados a uma forma. Não há esquema de subsunção no *Tractatus*. O nome não subsume o objeto – ele assinala o comum a uma forma e a um conteúdo –, a proposição elementar não subsume os objetos designados pelos nomes, e as proposições moleculares não subsumem as elementares.

Como lembra Longuenesse, a concepção do juízo como ação de ativar regras próprias à nossa atividade discursiva é o que permite a Kant dissolver a linha entre lógica e ontologia: as diferentes maneiras pelas quais ligamos nossos conceitos em juízos e silogismos são opostas à visão de que elas consistem na "expressão mais ou menos adequada da ligação de essências no próprio ser".⁵⁰ Por sua vez, Wittgenstein, em vez de dissolver, reforça a linha entre lógica e ontologia: em vez de "regras próprias da nossa atividade discursiva", as regras de representação são como que reflexos das regras do ser. Ao tomar o entendimento como fonte dos princípios e das regras e considerá-lo legislador, Kant pretende contrapor-se às concepções que pressupõem uma *harmonia essencial* entre pensamento e mundo. No entanto, a ideia de isomorfia identifica-se precisamente à de uma harmonia essencial. Não é possível conciliar a noção de isomorfia entre a linguagem e o mundo, própria do *Tractatus*, com a ideia de uma produção dos pensamentos conforme regras próprias de nossa atividade discursiva. Por esse motivo, uma teoria do conhecimento compatível com o *Tractatus* jamais poderia incluir o esquema kantiano de subsunção de conteúdos a formas, pois, aceitemos ou não, a isomorfia não aparece como *produzida*, mas como *pressuposta*. Isso significa que não há *uma* fonte das regras: a forma lógica é *comum* à realidade e à sua representação. *O espaço lógico é dado, e não construído*. Em Kant, ele é construído pelos esquemas de síntese ou de subsunção de conteúdos dados a formas *a priori*. No *Tractatus*, dados os objetos, *nada* além deles é requerido para estabelecer a possibilidade de suas ligações: ninguém estabelece a possibilidade da ligação do objeto com os estados de coisas, ela é preestabelecida – nem o sujeito metafísico a estabelece; ele tão somente a contempla.

Allison identifica a "visão dos olhos de Deus" (*God's-eye-view*) à visão das coisas *sub specie aeterni* de Espinosa.⁵¹ Para o crítico, tal visão está vinculada ao "modelo teocêntrico do conhecimento", que é encontrável em um intelecto "absoluto" ou "infinito". Estaria correto vincular o sujeito metafísico e a intuição *sub specie aeterni* do *Tractatus*

---

⁵⁰ Ibidem, p.XVIII.
⁵¹ ALLISON, H. *Kant's Transcendental Idealism*, op. cit., p.19.

a essa "visão dos olhos de Deus" de que fala Allison? A tentação é grande, mas, a meu ver, há uma dificuldade: do modo pelo qual foi caracterizada no capítulo anterior, a relação interna entre sujeito metafísico e substância do mundo dá lugar a um conhecimento que se reporta às propriedades internas ou formais dos objetos, mas não às externas, que só podem ser conhecidas *a posteriori*. O conhecimento das propriedades externas depende da *realização* das possibilidades lógicas de conexão dos objetos, é o conhecimento empírico dependente da contingência dos fatos. Se a intuição *sub specie aeterni* do *Tractatus* encerrasse a visão dos olhos de Deus, tratar-se-ia de um Deus que, não podendo antecipar as propriedades externas dos objetos, seria dotado de um intelecto que não conheceria sua própria vontade, já que a visão da forma essencial do mundo não pode dar a conhecer o futuro contingente. Se as condições de sentido são distintas das condições de verdade, o sujeito metafísico acede somente às condições de sentido, isto é, às condições das condições de verdade. O intelecto que pode ser associado ao sujeito metafísico não é absoluto nem infinito, porque se encontra internamente ligado a uma totalidade *limitada*. A intuição *sub specie aeterni* não se compara a um intelecto divino, como uma espécie de inteligência transcendente, porque seria uma inteligência *imanente* à substância do mundo. E a vontade que pode ser associada ao sujeito metafísico também não se identifica à vontade divina, que seria "alheia", como se viu nas últimas passagens aqui citadas dos *Notebooks*. Assim, do ponto de vista tanto lógico quanto ético, a figura transcendental do sujeito metafísico distingue-se da figura de um Deus.

Que o entendimento humano seja *discursivo*, e não *intuitivo*, é tese fundamental da doutrina kantiana do juízo. No entanto, o exercício do entendimento depende de intuições singulares, que têm origem na sensibilidade. Em Kant, a noção do entendimento como discursivo pressupõe e, ao mesmo tempo, funda a distinção entre a sensibilidade e o entendimento. Se a estética constitui o antepredicativo da lógica transcendental de Kant, o contraste com Wittgenstein se dá no plano do antepredicativo e do predicativo. Ora, no *Tractatus*, o sujeito não tem formas intrínsecas; o entendimento não tem, no plano elementar do sentido, nenhuma forma *a priori*; a forma do entendimento coincide com a forma do mundo; ao representar o mundo, a linguagem o mantém como está: ela conecta-se ao mundo pela forma que tem em comum com ele. Qual poderia, então, ser a finalidade de uma teoria do conhecimento no *Tractatus*? Creio que ela teria como tarefa elucidar como se instituem os pontos de conexão entre a linguagem e a realidade, mas nunca a de descrever formas *a priori* do entendimento, do pensamento ou do conhecimento, pois, no *Tractatus*, não há lugar para uma concepção antropomórfica das formas lógicas.

Esses contrastes gerais entre o conceito de figuração e o de síntese visam ao esclarecimento de outro aspecto: Kant *especifica* formas lógicas *primitivas* do juízo,[52] ao passo que, para Wittgenstein, as formas lógicas das proposições elementares não podem ser dadas *a priori*. Salientando esse contraste entre Kant e Wittgenstein, Judith Gênova afirma que a lógica transcendental de Kant "é seguramente o caso paradigmático de antecipação da aplicação da lógica".[53] Essa

---

[52] Segundo Beatrice Longuenesse, Kant seleciona como "formas primitivas" somente aquelas que permitem gerar a relação das representações com os objetos por meio da unidade objetiva da apercepção, isto é, que podem servir como o "fio condutor" para o estabelecimento da tábua das categorias. Ela também esclarece que Kant nunca assumiu que todo juízo envolve a aplicação das categorias; juízos que não podem ter nenhuma relação com uma intuição sensível, que não permitem a referência a objetos da experiência possível (como os analíticos) não envolvem necessariamente nenhuma categoria (*Kant et le pouvoir de juger*, op. cit, p.81-2).

[53] G NOVA, J. *Wittgenstein: a way of seeing*. New York, London: Routledge, 1995. p.153.

autora lembra, com muita propriedade, o seguinte trecho da *Crítica da razão pura*:

> A filosofia transcendental tem, porém, a particularidade de, além da regra (ou melhor, da condição geral das regras) que é dada no conceito puro do entendimento, poder indicar, simultaneamente, *a priori*, o caso em que as regras devem ser aplicadas.[54]

Como se sabe, Kant distingue a *lógica formal* (que ele chama de "geral") da *lógica transcendental*. De acordo com ele, a lógica geral "abstrai" de todo o conteúdo do conhecimento, isto é, de toda relação com este ou aquele objeto, e "considera apenas a forma lógica na relação dos conhecimentos entre si, isto é, a forma do pensamento em geral".[55] Ao passo que a lógica transcendental "trata das leis do entendimento e da razão, mas só na medida em que se refere *a priori* a objetos".[56] Com base nessa distinção, pode-se dizer que a lógica transcendental é, em Kant, construída para antecipar as condições de aplicação da lógica a objetos. Ou, como analisa Gênova, para mostrar de que maneira as condições subjetivas do pensamento podem ter validade objetiva. Essa é a razão pela qual a lógica transcendental se converte, em Kant, no estudo das regras do pensamento sintético *a priori*.[57]

Para Wittgenstein, contudo, não se pode antecipar nem as regras nem os casos de sua aplicação. A razão disso reside na concepção de que, entre a figuração (a régua) e sua aplicação (a aposição da régua à realidade), a relação é *interna*. É essa relação interna que impede a antecipação conjunta da régua e da realidade à qual pode ser aplicada. Dizer que a lógica não pode antecipar a forma lógica das proposições

---

[54] KANT, I. *KrV*, op. cit., A 135/B 174.
[55] Ibidem, A 55/B 79.
[56] Ibidem, A 57/B 81.
[57] Ibidem, A 154/B 193.

elementares significa dizer que a lógica não pode, para além da forma essencial da contingência (que é a forma lógica geral da proposição), antecipar a forma lógica da experiência, do conhecimento ou do entendimento.

No *Tractatus*, não podemos antecipar as regras para aplicar a régua, porque só esta pode fornecer a regra de sua aplicação. E como "há uma, e apenas uma, análise completa da proposição" (*T* 3.25), a cada régua somente um caso pode se fazer corresponder. Se o mundo é tudo o que é caso e se toda figuração é uma régua, há tantos casos quantas réguas – isto é, proposições elementares – possíveis. Apor uma régua à realidade é como aplicar uma regra de caso único. A questão aqui não é a de um caso não poder ser, ao mesmo tempo e sob o mesmo aspecto, caso de duas ou mais regras distintas (o que daria lugar a uma espécie de contradição normativa), mas sim o de haver somente uma regra para cada caso e um caso para cada regra. Do mesmo modo que, para Kant, antecipar as regras equivale a antecipar quais são os casos, para Wittgenstein a impossibilidade de antecipar as regras provém da impossibilidade de antecipar os casos. Se toda figuração é modelo de um único caso, então entender uma proposição elementar é como seguir uma regra de caso único.

A proposição elementar, como régua, é um instrumento de medição que não se distingue formalmente daquilo a que se presta medir. São de natureza fenomenologicamente distintas, mas formalmente idênticas. Os "acordos tácitos" são acordos sobre modelos de um caso único. Quando, no período de transição de sua obra, Wittgenstein admite que uma proposição pode ser verificada de muitas maneiras, ele aceita que uma proposição pode, então, ter vários sentidos: um para cada modo possível de verificação. Se essas distintas possibilidades de verificação de uma mesma proposição correspondem a distintas possibilidades de seu *uso*, pode-se concluir que o grande salto para o segundo sistema consiste em uma mudança de concepção quanto à relação entre as regras de representação e seus casos.

Que uma proposição possa ter mais de um sentido, isto é, que a ela possam corresponder vários casos, é algo impensável no *Tractatus*. Assim, a relação interna entre a régua e a realidade à qual deve ser aposta reflete a relação interna entre as regras e suas aplicações.

* * *

Pelo exposto até aqui, pode-se dizer que a *gramática da figuração* distingue-se da *gramática da subsunção*. Figurar fatos não significa subsumir representações. Embora distintas, a gramática da substituição do nome pelo objeto e a gramática da figuração, pela qual se afigura um estado elementar de coisas, são ambas incompatíveis com a gramática da subsunção. A possibilidade da liga entre os objetos nos estados de coisas não pode ser fruto de síntese. Se a gramática da figuração pode ser também chamada de "gramática da aposição" da figuração à realidade, talvez seja interessante uma comparação com a "gramática da apreensão" do pensamento, em Frege. Pois parece que, também para esse, o pensamento não implica síntese – ideia que reconheço em sua afirmação de que apreender um pensamento não é o mesmo que produzi-lo.

Depois de distinguir o reino das representações do reino das coisas do mundo exterior, Frege afirma que, a fim de definir o pensamento, "um terceiro reino precisa ser estabelecido".[58] Por um jogo de semelhança e contraste em relação aos outros dois reinos, apresenta as seguintes notas características do conceito de pensamento:

(1) de um lado, o pensamento assemelha-se às representações, por não poder ser percebido pelos sentidos;

---

[58] FREGE, G. "Der Gedanke: eine Logische Untersuchung". *Beiträge zur Philosophie des deutschen Idealismus*, caderno 2, p.195, v.1, 1918-19. trad. cit.

(2) de outro lado, o pensamento assemelha-se às coisas do mundo exterior, por não precisar de um portador ao qual pertençam como conteúdo de consciência.

Para ser apreendido, o pensamento exige outra capacidade ou poder que não a percepção sensível. Note que apenas enquanto não pode ser percebido pelos sentidos que ele se assemelha às representações. Todos os outros aspectos sob os quais as representações foram apresentadas – como conteúdos de consciência, como necessitando de um portador e possuindo uma privacidade essencial – serão firmemente negados por Frege, em especial pela semelhança que ele estabelece entre o pensamento e as coisas do mundo exterior. Tais como essas, os pensamentos não precisam ser "tidos"; eles "estão lá" em seu reino e existem independentemente de um portador. Pela primeira característica, pode-se dizer que o conceito fregeano de pensamento se aproxima do de figuração do *Tractatus*: por meio da percepção sensível, o que se vê é o sinal proposicional. Vê-lo, porém, *como* figuração de um fato possível já requer um poder de afigurar que ultrapassa a experiência do contato com a camada física dos sinais, requer "outro" olhar – esse não vê a projeção, mas só o projetado. Assim, nem a figuração pode ser percebida pelos sentidos, nem o sinal, na qualidade de fato sensivelmente perceptível, é suficiente para ser visto *como* figuração.

Em uma nota de rodapé do "Der Gedanke...", Frege anuncia o que poderia ser chamado de "gramática da apreensão" do pensamento:

> Vê-se uma coisa, tem-se uma representação, apreende-se ou pensa-se um pensamento. Quando se apreende ou se pensa um pensamento, não se o cria, mas apenas se entra em uma relação com ele, que já existia antes, relação esta que é diferente das relações do ver uma coisa e do ter uma representação.[59]

---

[59] Ibidem, p.195, nota 5.

Frege opõe "apreensão" a "criação". Apreender é entrar em uma relação com algo cuja existência é dada fora dessa relação: o que se apreende não se cria. Ora, "quem" apreende? A resposta de Frege é dada no momento mesmo em que ele cunha o conceito de apreensão:

> Nós não somos portadores dos pensamentos como somos portadores de nossas representações. Nós não temos um pensamento tal como temos uma impressão sensível; nós também não vemos um pensamento, tal como vemos uma estrela. Por isso, é aconselhável escolher aqui uma expressão especial. A palavra "apreender" serve para tal propósito. À apreensão do pensamento deve corresponder uma faculdade especial, o poder de pensar. Pelo pensar não produzimos pensamento, mas os apreendemos.[60]

Ao poder de pensar não pode corresponder nem uma faculdade de percepção sensível nem uma faculdade *ativa*, que cria ou produz pensamentos. Parece que o poder de pensar em Frege, de modo contrário ao de julgar em Kant, encerra uma faculdade meramente *passiva*, uma vez que sua virtude se limita a entrar em contato com algo já pronto, já elaborado, produzido ou providenciado. Ao ato da espontaneidade do entendimento, tal como Kant entendia, Frege opõe a noção de um ato que pressupõe um sujeito, mas não para constituir os pensamentos:

> A apreensão do pensamento pressupõe alguém que o apreenda, um ser pensante. Ele é então o portador do pensar, mas não do pensamento. Ainda que o pensamento não pertença ao conteúdo de consciência do ser pensante, deve haver algo em sua consciência que tenha em vista o pensamento. Mas isso não pode ser confundido com o pensamento enquanto tal.[61]

---

[60] Ibidem, p.202-3.
[61] Ibidem, p.04.

A relação de apreensão instaura-se, pois, entre "um ser pensante" e o "pensamento" que ele não produz. Frege faz uma distinção entre a atividade ou o processo psicológico que corresponde ao pensar e o pensamento. O poder de apreender, inerente à consciência, assemelha-se a um ato que se dirige a algo pronto. Quem apreende os pensamentos, diz Frege em outra passagem, "não os cria, mas sim precisa tomá-los como eles são".[62]

Ao lado do teorema de Pitágoras – que ilustra perfeitamente um pensamento cuja verdade é atemporal, eterna e imutável –, Frege considera pensamentos do tipo que encerram verdades contingentes. Sua indagação é: pensamentos como "a árvore que lá se encontra está coberta de folhas verdes" não será falso daqui a seis meses? Sua resposta imediata é "não", com base na consideração de que, em outro tempo, já não se trata mais do mesmo pensamento.[63] A razão pela qual não se pode dizer que os pensamentos que expressam fatos contingentes são verdadeiros em um tempo e falsos em outro é a de que a determinação do tempo da fala pertence à sua expressão:

> Por si mesmo, o som das palavras "essa árvore tem a copa verde" não basta para a expressão do pensamento, pois o tempo da fala a ela pertence. Sem a determinação do tempo aqui dada pelo momento da fala, não temos nenhum pensamento completo, i. e., absolutamente nenhum pensamento. Só a frase suplementada pela determinação do tempo e completa em todos os aspectos expressa um pensamento. Este último, contudo, caso verdadeiro, é verdadeiro não só hoje ou amanhã, mas atemporalmente. O *praesens* em "é verdadeiro" não indica, pois, a atualidade do falante, mas é, se a expressão é permitida, um *tempus* da atemporalidade.[64]

---

[62] Ibidem, p.208.
[63] Ibidem, p.206.
[64] Ibidem.

Assim como a verdade do teorema de Pitágoras, a verdade de um pensamento que expressa um fato contingente também é atemporal. Em um caso como no outro, o tempo presente que acompanha a expressão "é verdadeiro" é um "*tempus* da atemporalidade". Estamos às voltas com uma ideia muito parecida com a concepção do tempo presente no *Tractatus*, já que é o tempo presente que confere à verdade dos pensamentos sua eternidade. Ao tratar da questão do tempo, Frege traça uma distinção entre a mera "expressão" e a "asserção" do pensamento:

> A determinação do tempo que pode estar contida na frase pertence somente à expressão do pensamento, enquanto a verdade, cujo reconhecimento é dado pela forma da frase assertórica, é atemporal.[65]

A contrapartida da tese de que a expressão do pensamento contém a determinação do tempo é a de que sua verdade é necessariamente atemporal. De acordo com Frege, temos de distinguir entre as "propriedades essenciais e não essenciais" dos pensamentos. Se o fato de hoje pensarmos pensamentos que não tenham sido pensados ontem for considerado uma propriedade essencial do pensamento, sua atemporalidade estrita tem de ser suspensa. No entanto, prossegue Frege, "uma propriedade de um pensamento será chamada de não essencial se ela consistir ou se seguir do fato de ele ser apreendido por um ser pensante".[66] Por fim, Frege compara a "realidade" de um pensamento com a "realidade" de um martelo (representante do reino das coisas do mundo exterior), por meio da comparação entre a comunicação de um pensamento e a transferência (provavelmente de posse ou de uso) de

---

[65] Ibidem, p.206.
[66] Ibidem, p.207.

um martelo. Este, diz Frege, "passa de um domínio de força para um outro, ele é tomado, sofre pressão e com isso muda a densidade, a disposição de suas partes". Quanto ao pensamento, este não abandona, pela comunicação, o domínio da força de quem o comunica, pois "no fundo, o ser humano não tem o menor poder sobre ele".[67] Para Frege, a apreensão dos pensamentos causa mudanças apenas no interior daquele que o apreende, mas o pensamento "no âmago de seu ser, permanece intocado", e todas as alterações que ele sofre dizem respeito apenas a suas propriedades não essenciais.

Considerando que nem a figuração no *Tractatus* nem o pensamento em Frege podem ser vinculados à noção de síntese, ambos se distanciam, nesse aspecto, do paradigma sob o qual Kant concebeu sua teoria do juízo. Quando Wittgenstein diz que "está na essência da proposição poder comunicar um *novo* sentido" (*T* 4.027) bem como que "uma proposição deve comunicar um novo sentido com velhas expressões" (*T* 4.03), sua ênfase recai sobre o mesmo aspecto para o qual apontava a tese de que "não há *a priori* uma ordem das coisas" (*T* 5.634). Por outro lado – e aí se encontra a complicação –, a última afirmação combina-se perfeitamente com a tese de que há uma forma fixa dada pela substância do mundo. A concepção de que cada proposição comunica um "novo" sentido não invalida – e até reitera – que a cada uma dessas possibilidades corresponda uma "nova" totalidade de objetos determinada. Ora, em que a "escolha" de possibilidades já inscritas no espaço lógico da substância do mundo difere da "apreensão" dos pensamentos em Frege? A diferença pode ser: em vez de instaurar o fixo, o subsistente, o imutável no pensamento, Wittgenstein os instaura no pré-figurativo – desde que se faça a fundamental ressalva de que a forma desse pré-figurativo não determina o mundo. Apenas sob essa ótica pode-se dizer que a escolha

---

[67] Ibidem, p.208.

que representa a figuração identifica-se à produção de um sentido. Mas estruturar a realidade por meio dessa escolha nada tem a ver com fazê-lo por meio de sínteses. Para Kant, pensar é produzir pensamentos por meio de sínteses. Para Frege, pensar é apreender pensamentos que não podem ser produzidos. Para Wittgenstein, pensar é produzir pensamentos por meio de escolhas cujas alternativas também não podem ser produzidas, pois são dadas. Não seria exagero dizer que o "platonismo" por meio do qual Frege concebe os pensamentos corresponde ao "platonismo" que encerra a concepção wittgensteiniana do pré-figurativo.

A análise e o oculto: a "autocrítica" em questão

Com base na tese de que a mente não pode ser um constituinte do fato da figuração (como em Russell) nem a fonte da legalidade do real (como em Kant), tentarei agora refutar um modelo de interpretação do *Tractatus* que confere à *intervenção* da mente um papel crucial na constituição do sentido proposicional. Tentarei mostrar que se, do ponto de vista empírico, o papel da mente é inegável, do ponto de vista transcendental, não se pode dizer que a mente constitua ou seja parte constituinte do sentido no *Tractatus*. Algumas teses pontuais defendidas por Hacker sobre o *Tractatus* serão tomadas como exemplos privilegiados desse modelo de interpretação que procuro questionar. Meu intuito é mostrar que a ênfase sobre o papel da mente, além de desconsiderar o caráter transcendental do primeiro sistema, imputa a esse uma filosofia da psicologia perfeitamente identificada às concepções mentalistas que são alvo de Wittgenstein no segundo sistema. A meu ver, ao ajustar o *Tractatus* ao figurino mentalista recusado pelas *Investigações filosóficas*, essa interpretação falha em identificar o verdadeiro alvo da autocrítica e não esclarece nem o primeiro nem o último Wittgenstein.

Se Wittgenstein não herda os problemas de Russell nem pode subscrever os resultados da revolução copernicana de Kant, quais seriam os problemas epistemológicos que o *Tractatus* teria de resolver? Ou melhor: quais poderiam ser passíveis de formulação? Tudo leva a crer que o núcleo desses problemas está na tese crucial de que as relações internas *se mostram* no uso dos sinais. E a fonte das dificuldades consiste no fato de Wittgenstein não ter elucidado *como* o mundo nos é dado, nem *como* percebemos os complexos, nem *como* apomos a proposição à realidade. Todas essas dificuldades, em certo sentido levantadas pela teoria do conhecimento de Russell, são, por assim dizer, resolvidas (e dissolvidas) no *Tractatus* pela doutrina das relações internas. Entre as relações internas que dão sustentação ao sistema do *Tractatus*, a mais discutida tem sido aquela que vige entre os nomes e os objetos. E não é à toa: é essa relação que parece sustentar a metáfora das "antenas" por meio das quais os elementos da figuração "tocam" a realidade (*T* 2.1512; 2.15121; 2.1515). Afinal, o que significa tomar as relações internas entre nomes e objetos como condições de ligação entre a linguagem e a realidade? Se significa que tais relações são condições do sentido, então a ênfase sobre elas é incorreta, uma vez que elas suplantariam em importância as relações internas entre nomes e proposições, que refletem as relações internas entre os objetos e os estados de coisas de que podem fazer parte – estas, sim, essenciais à correção e ao entendimento do sentido.

Quando o tema é a ligação entre a linguagem e a realidade, é preciso atentar para: uma coisa é a relação interna entre um nome e um objeto; outra é a relação interna, estrutural, entre a proposição e a realidade que ela representa. É primordial no *Tractatus* a relação interna que existe entre a figuração e a realidade afigurada: é a que a figuração "deve ter em comum com a realidade para poder afigurá-la à sua maneira", e a qual Wittgenstein chama de "forma de afiguração" (*T* 2.17). Ou seja, é a forma de afiguração que possibilita a *isomorfia* entre a linguagem e a realidade. Contudo, embora reconheça que a relação interna entre a figuração e a realidade afigurada é distinta das relações internas entre os nomes e os objetos, o leitor do *Tractatus* continua a perguntar sobre qual poderia ser, então, a *natureza* das relações entre os nomes e os objetos por eles designados. Seriam elas produzidas por nossas convenções?

Creio não haver nenhum problema em responder que sim, desde que as convenções sejam concebidas de um modo tal que permitam *reconhecer* a natureza intrínseca dos objetos nomeados. Assim, mesmo que a instituição das "antenas" seja concebida como um produto da atividade humana, preserva-se o preceito de que o mundo tem as possibilidades estruturais que tem, independentemente de nossas instituições ou convenções. Pois, ainda que a nomeação dos objetos requeira as convenções, as possibilidades estruturais do mundo em que esses objetos se encontram não se alteram em nada por causa delas. Se não há um tratamento filosófico das relações de designação no *Tractatus*, é porque elas não eram consideradas fundamentais ao sistema. Como já vimos, o que instaura o pré-figurativo não são relações de designação, e sim uma "experiência" que não é experiência, a intuição *sub specie aeterni*. Do ponto de vista empírico, conhecer as relações de designação é uma condição do uso da linguagem; mas, do ponto de vista transcendental, pode-se simplesmente pressupor esse conhecimento e fazer residir no "conhecimento do objeto" a verdadeira condição transcendental da aplicação correta do nome – e é isso o que Wittgenstein se limita a fazer no *Tractatus*. Embora as relações de designação constituam os sinais extremos da régua a ser aposta à realidade, não são esses sinais que constituirão a forma lógica do que vai ser medido. No essencial, as convenções devem estar conformes à natureza dos objetos nomeados, uma vez que é essa natureza que determina a possibilidade do sentido. Wittgenstein afirma que "o sinal é, sem dúvida, arbitrário" (*T* 3.322), mas quando distingue o que é arbitrário do que não é arbitrário nas notações, ele declara que "se" determinamos algo arbitrariamente, "então" algo mais deve ser o caso (*T* 3.342). As regras da sintaxe lógica elementar não são expressões de convenções livremente adotadas. E isso significa que, se coordenamos arbitrariamente objetos com palavras, essa arbitrariedade implica a não arbitrariedade da rede de necessidades lógicas que presidem às suas possíveis combinações.[68] Que a substância do mundo não seja social nem histórica não impede, portanto, que o primeiro Wittgenstein possa ter concebido os nomes como produtos de convenções, desde que se faça a importante ressalva de que, na época do *Tractatus*, o acordo sobre essas convenções se fundamentava no acordo acerca das naturezas essenciais das coisas que eram designadas.

A relação interna entre nome e objeto mostra-se no *uso* da linguagem, mais precisamente nos "acordos tácitos" aos quais Wittgenstein se refere quando fala da linguagem corrente no *Tractatus*. Há duas afirmações sobre a linguagem corrente que são aparentemente incompatíveis. De um lado, ele diz que "a linguagem é um traje que disfarça o pensamento", e é "humanamente impossível extrair dela, de modo imediato, a lógica da linguagem" (*T* 4.002). De outro, afirma que "todas as proposições de nossa linguagem corrente estão logicamente, assim como estão, em perfeita ordem" (*T* 5.5563). Que a linguagem seja um traje que disfarça ou reveste o pensamento, deve-se, de acordo com o primeiro aforismo citado, ao fato de que "a forma exterior do traje foi constituída segundo fins inteiramente diferentes de tornar reconhecível a forma do corpo". E essa é a razão pela qual não se pode "inferir", da "forma exterior do traje, a forma do pensamento trajado". Porém, nesse mesmo aforismo, Wittgenstein afirma: "os acordos tácitos que permitem o entendimento da linguagem corrente são enormemente complicados".

---

[68] Sobre esse ponto específico, ver BLACK, M. *A Companion to Wittgenstein's 'Tractatus'*. New York: Cornell University Press, 1992. p.140.

Ora, mas então há acordos tácitos (*stillschweingenden Abmachungen*)[69] pressupostos no entendimento (*Verständnis*) da linguagem corrente! Para Wittgenstein, eles permitem que a discrepância anteriormente afirmada entre os sinais sensíveis e perceptíveis – a forma exterior do traje – e a forma dos pensamentos seja perfeitamente driblada no uso. Pois bem, a linguagem corrente parece, então, estar em perfeita ordem também quanto a seu entendimento, e isso se deve aos acordos tácitos que permitem seu uso. É no *Tractatus*, portanto, que a importância do uso dos sinais aparece pela primeira vez como condição do entendimento: "O que não vem expresso nos sinais, seu emprego mostra. O que os sinais escamoteiam, seu emprego denuncia" (*T* 3.262).

A razão pela qual Wittgenstein pressupõe, sem teorizar, esses acordos tácitos e a razão pela qual eles são "tácitos" é uma só: trata-se de acordos sobre a forma do mundo, sobre a qual nada pode ser dito, mas que se mostra no uso significativo da linguagem. Seriam esses acordos tácitos os posteriores "acordos sobre definições" (*Philosophische Untersuchungen*, *PU*, § 242)? Creio que sim, mas a crítica que o último Wittgenstein dirige a esses acordos incide sobre o fato de que, no *Tractatus*, eles eram primordialmente acordos sobre a forma essencial do mundo.

Wittgenstein parte da constatação de um fato – "figuramos fatos" – para a condição de direito que este pressupõe. Sob essa ótica, dificilmente algo de empírico habitaria a esfera das condições transcendentais. Qualquer teoria do conhecimento compatível com o *Tractatus* teria de levar em conta aquele "conhecimento" intuitivo *sub specie aeterni*, no qual se mostram as relações internas e *todas* as possibilidades de combinações dos objetos. O conhecimento

---

[69] *Abmachung* é sinônimo de "acordo" no sentido de "pacto", "estipulação", "convenção".

empírico – o único possível na ciência – é o conhecimento das possibilidades de combinação dos objetos que se efetivam. Como se viu, ao conhecimento intuitivo vincula-se uma "experiência" que não é experiência – e é nela que o espaço lógico é *dado*.

Não é tarefa fácil tentar depreender dos primeiros escritos de Wittgenstein o que ele entende por "experiência", sobretudo quando se tem em vista a equivalência conceitual entre "experiência" e "mundo":

> É a crença uma experiência?
> É o pensamento uma experiência?
> Toda experiência é mundo e não precisa do sujeito.
> O ato da vontade não é uma experiência. (*NB*, p.89, 9 nov. 1916)

O que isso pode significar senão que Wittgenstein procura afastar de seu sistema a acepção clássica e moderna de "experiência"? Ao dizer que "toda experiência é mundo", ele sugere que as notas características do conceito "mundo" sobrepõem-se às notas características de um conceito de experiência que "precisa do sujeito". Em todo caso, parece claro que o conceito de "experiência", tal como é tradicionalmente entendido, não se encaixa muito bem e tende a ser abolido em seu sistema. Ora, assim como não considera "ciências" a lógica, a ética e a estética – tradicionalmente concebidas como "ciências normativas" –, Wittgenstein também parece não desejar que seus conceitos de pensamento e de vontade sejam concebidos como "experiências".

Com efeito, a intuição *sub specie aeterni*, na qualidade de uma "experiência" que não é experiência, não pode comportar as notas características clássicas de uma "experiência sensível". É interessante notar que, desde Kant, a "lógica aplicada" requer "princípios empíricos e psicológicos", campo no qual se trata da atenção, da origem do erro, dos estados de dúvida e de convicção etc.[70] Mas é notável que, ao tratar especificamente da aplicação da lógica, Wittgenstein se debruce não sobre a psicologia do uso da linguagem, mas sobre a fenomenologia. São problemas fenomenológicos que estão envolvidos na aplicação da lógica, e isso já se anuncia no próprio *Tractatus*: no aforismo 2.0131, a mancha (que deve apresentar *uma* cor) não está ali como um *sense datum* em sentido trivial; ela não tem as notas características do dado sensível isolado de uma consideração acerca de gradações, de posição puntiforme em um espaço lógico das cores etc. Ou seja, tudo indica que a matematização ou geometrização do dado sensível, tão cara ao projeto fenomenológico de Edmund Husserl, está no horizonte de uma sintaxe mais elementar desde o *Tractatus*. A mancha não importa como dado sensível, mas como dado que envolve o "espaço das cores". A vocação fenomenológica das reflexões sobre a aplicação da lógica consiste em que, enquanto se preocupa com a sintaxe lógica das proposições elementares, é a geometria do espaço lógico das qualidades sensíveis, as quais admitem gradação, que parece interessar ao primeiro Wittgenstein. Embora a introdução da cor como forma dos objetos envolva "problemas fenomenológicos" insolúveis, ligados ao funcionamento da proposição como uma régua – isto é, como padrão de medida bipolar a ser aposto à realidade – importa aqui salientar que as propriedades que admitem gradação não comparecem como "qualidades sensíveis", ligadas a uma "experiência sensível", já que todos os elementos classicamente considerados subjetivos são desqualificados pela abordagem lógica.

Não haveria, então, *nenhuma* experiência ligada à linguagem? Creio ser possível defender que o único conceito de experiência

---

[70] KANT, I. *KrV*, op. cit., A 55/B 79.

compatível com a obra de Wittgenstein, desde o *Tractatus*, é o que proponho chamar de *experiência normativa*. Nas *Investigações*, esse conceito envolveria o que Wittgenstein chama de "práxis do uso da linguagem" (*PU*, § 7). No *Tractatus*, ele corresponderia à atividade de afigurar, entendida como a atividade de justapor uma régua à realidade, isto é, de instituir um padrão de medida da realidade. Tanto no *Tractatus* quanto nas *Investigações*, tratar-se-ia de um conceito de experiência que envolve a aplicação das regras de representação linguística. Embora seja possível descrever o conceito de maneiras muito distintas, conforme se trate do primeiro ou do último sistema, é essencial que suas notas características possam ser identificadas fora do léxico clássico que modela a noção de experiência com formas da mente ou consciência. Assim, em vez de uma "ciência normativa", a lógica da linguagem envolveria uma "experiência normativa", cujas condições transcendentais remeteriam, no caso do *Tractatus*, aos acordos sobre a forma do mundo e, nas *Investigações*, aos acordos sobre a forma de vida (*PU*, § 242). Com essa sugestão, não pretendo solucionar nenhum problema, mas apenas indicar a possibilidade de vincular a lógica do primeiro sistema e a gramática do último a uma noção possível de experiência que faça justiça às revoluções conceituais da obra de Wittgenstein.

No que diz respeito ao *Tractatus*, pode-se dizer que essa experiência normativa pressupõe acordos tácitos não somente sobre as definições dos nomes dos objetos como também sobre sua existência logicamente necessária. Isso fica claro na seguinte passagem das *Philosophische Bemerkungen*:

> Só tem sentido indicar a extensão de um objeto se eu possuo um método para encontrar esse objeto – pois, caso contrário, eu não posso aplicar a régua.
>
> O que outrora eu chamei de "objetos", o simples, é apenas aquilo a que eu posso designar sem precisar temer que talvez não

existam; isto é, aquilo para o qual não há existência ou não existência, e isso significa: aquilo de que se pode falar, *seja qual for o caso*.[71]

Em outras palavras, dadas a existência logicamente necessária da substância do mundo e a relação interna dos constituintes simples com os complexos de que podem fazer parte, para que serviria uma teoria do conhecimento que se preocupasse com a "constituição" dos objetos? Uma vez metafisicamente afirmada, a subsistência da substância do mundo dispensa, por si, todo discurso epistemológico que tenta dar conta da constituição da realidade. É assim que a intuição *sub specie aeterni* ocupa o lugar de condição transcendental da experiência normativa do *Tractatus*, de modo que se elimina todo o problema das relações de designação.

Quando não se considera o aspecto transcendental do *Tractatus*, certas polêmicas surgem com muita facilidade e dificilmente podem ser resolvidas. A polêmica em torno do aforismo 3.263 do *Tractatus* ilustra isso muito bem. O aforismo diz:

> Os significados dos sinais primitivos podem ser explicados por meio de elucidações. Elas são proposições que contêm os sinais primitivos. Portanto, só podem ser entendidas quando já se conhecem os significados desses sinais.

As controvérsias dizem respeito à exigência de um conhecimento do significado dos sinais primitivos para o entendimento das próprias elucidações que deveriam explicá-los. Ao tratar dessa polêmica, Hacker afirma que as opiniões polarizam-se em torno de dois extre-

---

[71] WITTGENSTEIN, L. *Philosophische Bemerkungen*. Frankfurt: Suhrkamp, 1984, seção 36; e também *PU*, §.

mos: de um lado, uma elucidação é concebida como uma "definição ostensiva"; de outro, como uma "proposição plenamente explicitada" (*full-blown proposition*), isto é, como uma "proposição elementar".⁷² Adotando uma posição intermediária, Hacker sustenta que uma elucidação é "uma definição ostensiva 'vista obscuramente através de um vidro', malconstruída como uma proposição bipolar".⁷³ Elizabeth Anscombe sugere um vínculo com a relação de *acquaintance* de Russell.⁷⁴ Para Black, elucidações são proposições verdadeiras.⁷⁵ Peter Winch preocupa-se em salvar Wittgenstein de um círculo vicioso.⁷⁶ A meu ver, essa é mais uma daquelas polêmicas inúteis e impossíveis de ser decididas. As elucidações e as definições têm mesmo um estatuto problemático no *Tractatus*, e sua função explicativa não fica clara. Creio, no entanto, que a base da dificuldade encontra-se em uma desconsideração daquele "conhecimento do objeto", caracterizado no capítulo anterior, como um conhecimento intuitivo dado na intuição *sub specie aeterni*. Como se viu, esse conhecimento remete à totalidade dos objetos, a algo que é dado de uma só vez – o que dificilmente poderia ser conciliado com teses acerca de cognições particulares. No *Tractatus*, o entendimento do sentido – o qual, segundo o próprio Wittgenstein, não precisa ser explicado – não pode ser sustentado por relações de *acquaintance*, definições ostensivas e similares, pois nenhuma dessas teorias é

---

[72] HACKER, P. M. S. *Insight and Illusion*, op. cit., p.76. Hacker explica que o termo "definição ostensiva" não ocorre no *Tractatus* porque não era ainda usado como termo técnico, tendo sido cunhado por W. E. Johnson, em *Logic* (Part I, Ch. VI, § 7, Cambrigde, Cambridge University Press, 1921).
[73] HACKER, P. M. S. *Insight and Illusion*, op. cit., p.77.
[74] ANSCOMBE, E. *An Introduction to Wittgenstein's Tractatus*. London: Hutchinson & CO., 1963. p.26.
[75] BLACK, M. *A Companion to Wittgenstein's 'Tractatus'*, op. cit., p.115.
[76] WINCH, P. *Trying to Make a Sense*. Oxford: Basil Blackwell, 1987. p.10-1.

compatível com o "conhecimento do objeto" definido nos aforismos 2.0123 e 2.13231.

Quanto ao polêmico aforismo, fica claro que Wittgenstein não concebe a elucidação do significado de um nome como *critério* para o entendimento do sentido. Quando diz que uma elucidação só pode ser entendida quando já se conhecem os significados dos sinais, esse conhecimento prévio requerido não é outro senão o "conhecimento do objeto", este, sim, a condição transcendental para o entendimento do sentido. Ora, é inútil tentar introduzir relações de *acquaintance* ou definições ostensivas em um campo em que o conhecimento intuitivo está pressuposto. Se um objeto não pode ser definido por uma proposição, é claro que, no entendimento do sentido da proposição na qual o nome é empregado, *já* se "conhece o objeto"! Isto é, já se conhecem suas propriedades internas ou formais. Nos *Notebooks*, Wittgenstein afirma que "uma definição é uma tautologia e mostra relações internas entre seus dois termos" (*NB*, p. 18).

* * *

Uma das teses centrais do livro *Insight and Illusion*, de Hacker, consiste em que, para o primeiro Wittgenstein, a mente desempenha um "papel" na conexão entre a linguagem e a realidade. Essa tese geral baseia-se em outra mais específica: a de que a relação de nomeação (*the naming-relation*), por meio da qual toda linguagem possível é conectada ao mundo, é concebida como "psicológica" pelo primeiro Wittgenstein. Tentarei mostrar aqui que, na base da interpretação de Hacker, há uma confusão entre as condições empíricas e as condições transcendentais do uso da linguagem, assim como que ele enfatiza aspectos empíricos quando deveriam ser enfatizadas condições transcendentais.

A ideia de que a correlação entre nome e objeto é psicológica para Wittgenstein é o ponto de partida que permite a Hacker afirmar, entre outras coisas:

(1) Que as críticas de Wittgenstein, no *Blue Book*, à concepção psicológica da relação entre nome e coisa nomeada, aos mecanismos mentais de associação e, enfim, à visão geral de que a mente é um meio estranho no qual os sinais adquirem significado são dirigidas contra suas próprias visões quando jovem.[77]

(2) Que, durante o período em que escreveu o *Tractatus*, Wittgenstein teria "aberto o caminho" para a "psicologia cognitiva" contemporânea.[78]

(3) Que é "um ato mental" de um "eu transcendental" que "injeta" significado nos sinais, sendo a alma, a origem ou o manancial (*fountainhead*) da linguagem e da representação; bem como que tal concepção poderia ser chamada de "A Doutrina da Alma Linguística".[79]

(4) Que o aforismo 2.1511 do *Tractatus* contém a sugestão de que é um "gesto ostensivo" ... "físico ou mental" que liga a linguagem ao mundo. Embora não afirme explicitamente, Hacker abre espaço para se pensar que a ideia de "definição ostensiva interna" está em germe no próprio *Tractatus*, e com as mesmas credenciais de condição do entendimento, tal e qual fora criticada nas *Investigações*.[80]

(5) Que, com a fórmula "'p' diz p", Wittgenstein teria tentado explicar as atitudes proposicionais (pensar, crer, desejar, esperar p) por meio de uma "teoria mental da figuração" (*picture theory of the mind*); assim como que a harmonia entre pensamento e realidade pareceu-lhe, então, "forjada por estruturas psíquicas".[81]

---

[77] HACKER, P. M. S. *Insight and Illusion*, op. cit., p.74.
[78] Ibidem, p.75.
[79] Ibidem.
[80] Ibidem, p.77.
[81] Ibidem, p.119.

(6) Que, "em certo sentido", o "solipsismo metodológico" que Wittgenstein adota em 1929 já estava "implícito" no *Tractatus*.[82]

A meu ver, todas essas afirmações, bastante discutíveis, formam, em seu conjunto, uma interpretação equivocada do *Tractatus* e não iluminam, em sua correta luz, a autocrítica que Wittgenstein faz nas *Investigações*. Como a tese acerca da relação de nomeação constitui o ponto de partida de Hacker, é preciso, em primeiro lugar, considerar o modo pelo qual ele a estabelece:

> Nas *"Notes on Logic"*, Wittgenstein já observava que a correlação entre o nome e seu significado é psicológica (*NB*, p.99). A sintaxe lógica é uma questão de regras de linguagem; dar *conteúdo* às formas assim criadas, não. A definição de defíníveis é uma questão normativa; a conexão de indefiníveis com seus significados na realidade não é. Nos *Notebooks* Wittgenstein repetidamente sugere que tal correlação deve ser o resultado de algum ato mental de significar ou intencionar uma certa palavra para referir-se a um objeto que se tem em mente. É um ato da vontade que correlaciona um nome a seu significado (*NB*, p.33 ss.)[83]

---

[82] Ibidem, p.218.
[83] Ibidem, p.73. De acordo com a edição dos *Notebooks 1914-1916*, que serve de base para este estudo, a afirmação de que a relação entre nome e significado é psicológica encontra-se na p.104 e faz parte do primeiro apêndice de *Notes on Logic*. Quanto à segunda referência de páginas que Hacker cita (*NB*, p.33ss.) como apoio à afirmação de que "é um ato da vontade que correlaciona um nome com seu significado", há uma incorreção (provavelmente tipográfica): tudo indica que a única passagem que poderia sustentar essa afirmação encontra-se na p.84 dos *Notebooks*, em que Wittgenstein afirma que as coisas adquirem "significado" por meio da relação com a "vontade", e cuja referência será feita logo em seguida pelo próprio Hacker.

Um primeiro aspecto chama a atenção: para dar conta da natureza da correlação entre "nome" e "objeto", Hacker se vale de uma observação de Wittgenstein acerca da correlação entre "nome" e "significado". No entanto, se é a relação de nomeação que interessa investigar, o que teria de ser inicialmente investigado é como, da correlação de um sinal com um objeto, o nome se constitui. Do mesmo modo, chama a atenção a afirmação de que a conexão dos indefiníveis com seus significados não envolve uma "questão normativa", já que não se encontra vinculada às regras da linguagem estabelecidas pela sintaxe lógica. O que não fica claro é a razão por que, da ideia de que a conexão não seja "normativa", deve-se concluir que ela seja "psicológica". No livro em que Hacker divide a autoria com Baker (*Wittgenstein: Rules, Grammar and Necessity*), essa oposição entre o caráter "normativo" e o "psicológico" reaparece:

> As possibilidades combinatórias dos nomes espelham as possibilidades combinatórias dos objetos que são os seus significados, e a proposição afigura o estado de coisas que ela representa. Uma vez que essa relação é interna, ela é, de acordo com o *Tractatus*, também inefável. A correlação de um nome com seu significado era concebida, não como *normativa*, mas como psicológica. A projeção de nomes aos objetos não se dá por um conjunto de regras semânticas, mas por um conjunto de atos mentais.[84]

De acordo com essa passagem, a correlação do nome com o significado não pode ser entendida como "normativa", por não ser explicitada por um "conjunto de regras semânticas". De fato, o *Tractatus* não avança na explicitação das regras que envolvem as relações de designação. Entretanto, nada nos obriga a considerar que, uma vez

---

[84] BAKER, G. P.; HACKER, P. M. S. *Wittgenstein: Rules, Grammar and Necessity*. Oxford: Basil Blackwell, 1985. p.35.

instado a identificar as condições transcendentais da nomeação, Wittgenstein as identificasse a um "conjunto de atos mentais". Além disso, que tal relação seja interna e, nesse sentido, inefável, não é premissa necessária nem suficiente para a conclusão de que ela seja psicológica. Logo após formular a pergunta "como Wittgenstein concebeu a natureza da correlação entre o nome e o objeto?", Hacker formula esta: "como ela deve ser efetivada?".[85] Ora, a correlação entre nome e objeto ser concebida, do ponto de vista de sua *efetivação empírica*, em termos de correlação mental ainda não esclarece nada acerca das *condições transcendentais* da nomeação.

Quando se leva em conta tal distinção – entre a efetivação empírica e as condições transcendentais da nomeação –, a carta que Wittgenstein escreve a Russell, em 1919, citada por Hacker para ilustrar a "mediação" da mente na relação entre a linguagem e a realidade, ganha outro sentido:

> Mas um pensamento é um fato: "O que são seus constituintes e componentes, e qual é a sua relação com os constituintes do fato afigurado?". Eu não sei *o que* são os constituintes de um pensamento, mas sei *que* deve haver tais constituintes, correspondentes às palavras da linguagem. A espécie de relação entre os constituintes do pensamento e os constituintes do fato afigurado é irrelevante. Seria uma questão da psicologia encontrá-la.[86]
>
> "Um pensamento consiste em palavras?" Não! Mas em constituintes psíquicos que têm o mesmo tipo de relação com a realidade que as palavras. O que são esses constituintes, eu não sei.[87]

---

[85] HACKER, P. M. S. *Insight and Illusion*, op. cit., p.73.
[86] WITTGENSTEIN, L. Cassino, 19. ago. 1919. In: Ibidem. *Notebooks 1914-1916*. 2. ed. G. H. von Wright; G. E. M. Anscombe (Eds.). Oxford: Basil Blackwell, 1979. p.130.
[87] Ibidem.

Russell pergunta "o que" são os constituintes do pensamento e qual é sua "relação" com os constituintes do fato afigurado. Em sua resposta, Wittgenstein nega-se a definir "o que" são os constituintes do pensamento, mas afirma que devem existir *enquanto* correspondentes das palavras da linguagem. Isso significa que, para ele, a "existência" desses constituintes do pensamento deve ser derivada da "existência" das palavras. A "espécie de relação" pela qual pergunta Russell é considerada "irrelevante" para Wittgenstein, exatamente por focalizar a relação entre o plano da mente (os constituintes psíquicos do pensamento) e o plano da realidade (os constituintes do fato). De acordo com Wittgenstein, a relação com a qual Russell se preocupa, entre a mente e a realidade, é irrelevante, tendo em vista que os constituintes do pensamento "têm o mesmo tipo de relação com a realidade que as palavras".

Por conseguinte, o que importa é a relação das palavras com os constituintes da realidade: qualquer que seja a relação entre os constituintes psíquicos do pensamento com a realidade – uma relação logicamente irrelevante –, ela terá de ser a *mesma* que a relação das palavras com a realidade. Ou seja, quando se distingue uma palavra (um sinal perceptível) de um constituinte psíquico, o que importa investigar é a relação da palavra com o elemento da realidade. Nessa perspectiva, a relação original, primordial, que poderia importar em uma investigação transcendental acerca da aplicação das palavras às coisas, seria a relação estabelecida entre as palavras e as coisas! Mais do que isso: tudo o que se poderia dizer sobre a relação dos constituintes psíquicos do pensamento com a realidade teria de ser derivado do que se poderia dizer da relação entre os constituintes da linguagem, as palavras, e os constituintes da realidade.

Entretanto, o pensamento não constitui um "terceiro reino" para Wittgenstein. Como fato psíquico, o pensamento não passa de mera *reprodução* de relações de referência primordialmente instituídas entre as palavras e as coisas. É, portanto, um grande equívoco procurar nessa carta um apoio para a tese de que é no pensamento, como fato psíquico, que a relação entre linguagem e realidade seria originalmente instituída. Nada significa para o *Tractatus* dizer que as regras estão no pensamento, ou que são mentais, já que – em um sentido importante, como venho tentando mostrar – a mente não é ali considerada fonte de nenhuma legalidade.

Ninguém negaria – e Wittgenstein não é uma exceção – que, do ponto de vista de sua *efetivação empírica*, um pensamento é um fato psíquico. A constatação dessa trivialidade, porém, não resolve os problemas da lógica, menos ainda os da aplicação da lógica. O *Tractatus* não diz *como* acontece a projeção dos fatos pelas proposições, ou dos objetos pelos nomes; diz apenas *que* essas projeções acontecem (ou devem acontecer). Quando diz, nas *Notes on Logic*, que a relação entre nome e significado é psicológica, Wittgenstein não está defendendo a tese de que o significado é algo originalmente produzido pela mente. De acordo com minha interpretação da mal-empregada carta, a "produção" do significado dependeria da relação, anterior e mais fundamental, entre uma palavra da linguagem e uma coisa do mundo. Nesse sentido, a mente não produz, mas tão somente *reproduz* as relações internas, originalmente instituídas, entre as palavras e as coisas. É claro que a constituição dessas relações internas não foi explicitada no *Tractatus*, mas sua reprodução meramente mental não pode ser posta no lugar do que teria de ser uma condição transcendental. Quando a ênfase recai sobre o aspecto psíquico, o pensamento não passa da contraparte psíquica de uma figuração *lógica* dos fatos. E aqui, como sempre, é preciso não esquecer que as proposições da linguagem corrente de que fala o *Tractatus* são apropriadas a uma ciência natural (*T* 6.53).

Além disso – e este é mais um problema a ser levantado –, ao afirmar que é "um ato da vontade que correlaciona um nome com seu significado", Hacker está se referindo à vontade "psicológica", já que remete o leitor às páginas dos *Notebooks* nas quais Wittgenstein se refere aos *minima visibilia* ou *minima sensibilia* como exemplos de objetos simples. Contudo, a frase dos *Notebooks* que serve de apoio a Hacker pode ser interpretada como referência, acima de tudo, à vontade "ética", ponto que nos obriga a uma pequena digressão.

Em primeiro lugar, devemos considerar que, à época da afirmação de que a correlação entre nome e significado seja psicológica, em 1913, Wittgenstein ainda não fazia distinção entre "sujeito psicológico" e "sujeito metafísico", nem a distinção entre "sinal" e "símbolo". O conceito de sujeito metafísico só aparecerá nos *Notebooks*, em aforismos datados de 1916 e escritos poucos meses antes da frase que serve de apoio a Hacker. Vale a pena citá-la no original:

> "Bedeutung" bekommen die Dinge erst durch ihr Verhältnis zu meinen Willen. (NB, p. 84).

Em português, ela seria adequadamente traduzida por:

> As coisas adquirem "significado" apenas por meio de sua relação com a minha vontade.

É possível argumentar que o termo "significado" tem aí a conotação de "significância" ou "valor", e não a conotação técnica de *Bedeutung* como representação (por substituição) do objeto que o nome designa. O uso das aspas no original pode ser indício de que Wittgenstein estava empregando o termo com alteração de seu significado técnico original. Uma frase anterior reforça essa ideia:

> Como uma coisa entre coisas, cada coisa é igualmente insignificante (*unbedeutung*); como mundo, cada uma é igualmente significante (*gleichbedeutend*) (NB, p.83)

Há duas perspectivas possíveis de visão de uma coisa: ou ela é vista como (*als*) uma coisa entre outras, ou como (*als*) mundo. Na primeira perspectiva, todas as coisas se equivalem em sua insignificância, nenhuma tem proeminência nem se sobressai no plano em que todas as outras se encontram. No plano chapado das coisas, nenhuma é mais importante que qualquer outra. Como mundo, cada coisa é igualmente significante e destaca-se do fundo – agora à sombra – em que se encontram todas as outras coisas. As outras coisas como que desaparecem desta visão, e tudo o que importa é a coisa *como* mundo. A coisa vale o mundo: é assim que ela adquire significância e ganha um valor. Ao contrário da perspectiva na qual é contemplada entre outras e tem um valor apenas *relativo*, na perspectiva em que vale *como* mundo, a coisa adquire um valor *absoluto* para quem a contempla.

Como esse aforismo está na sequência de um grupo de aforismos que aludem à conexão entre arte e ética, e caracterizam a obra de arte como "o objeto visto *sub specie aeterni*" – isto é, como (*als*) mundo –, pode-se dizer que a "vontade" em relação à qual as coisas adquirem "significado" para mim é a vontade no sentido ético. Ora, o portador do ético é o sujeito metafísico, e não o sujeito psicológico. Ignorando todo o contexto em que a frase foi escrita, a interpretação de Hacker forja, sem argumentação suficiente, o liame que esse pretende estabelecer entre essa frase, a afirmação de 1913 e certas passagens do *Blue Book* nas quais Wittgenstein critica o mentalismo.

É de fundamental importância para uma correta interpretação notar que, no *Tractatus*, há uma *ordem* de apresentação dos conceitos formais. Assim é que Wittgenstein primeiro enuncia os conceitos que representam a contraparte ontológica da linguagem, isto é, os conceitos de "fato" e de "estados de coisas"; para, em seguida, expor o conceito de "figuração"; e, só em um momento posterior, apresentar o conceito de "pensamento", ao qual se seguem os de "proposição" e de "sinal proposicional". A exposição progressiva dos conceitos, que está longe de ser fortuita, exibe o seguinte percurso:

fato – figuração – pensamento – proposição – sinal proposicional.

A questão que se levanta, no âmbito do *Tractatus*, é saber se essa ordem de apresentação dos conceitos reflete o que poderíamos chamar de *percurso da intencionalidade*, e se este vai dos fatos para os sinais ou dos sinais para os fatos. Aquele que se envolve nessa questão se vê diante de grande dificuldade ao procurar saber *onde* está a *fonte* do percurso. Ocorre que a ideia de "projeção do mundo pela linguagem" não poderia incorporar, no *Tractatus*, a ideia de um "percurso da intencionalidade". E todo o problema reside na ideia mesma de percurso, caminho, processo ou engendramento progressivo da intencionalidade. Pois, levada ao pé da letra, a analogia entre *projeção* e *percurso* acaba dando lugar à visão de que a *ligação* do sinal proposicional com o fato deve ser simplesmente entendida como uma espécie de produto da figuração ou do pensamento. Então, parece que, entre os sinais e os fatos que eles representam, há um domínio intermediário – descrito pelos conceitos de proposição, pensamento e figuração –, que seria o responsável pela ligação entre eles. Essa ideia parece encontrar reforço na tese do *Tractatus* de que só os sinais não bastam, uma vez que precisam ser usados como símbolos, e os símbolos não se esgotam na camada material dos sinais, exatamente porque o significado deles estaria naquilo que simbolizam.

Que essa não era uma questão de somenos, fica claro quando Wittgenstein afirma nos *Notebooks*:

> A dificuldade em minha teoria lógica da figuração está em encontrar uma conexão entre os sinais sobre o papel e um estado de coisas externo no mundo. (*NB*, p.19)

Essa passagem revela, em primeiro lugar, que a camada material dos sinais não era desprezada ou sublimada, e, em segundo, que Wittgenstein, longe de a ter solucionado, considerava a questão uma das dificuldades de seu sistema. De minha parte, entendo que, no âmbito da aplicação da lógica, o conceito de sinal proposicional teria de ser de suma importância. Aliás, os conceitos de figuração e de sinal proposicional são mais trabalhados no *Tractatus* que o de pensamento. O conceito de "nome", por exemplo, só aparece depois de ele ter introduzido o de sinal proposicional. Se enfatizamos o vínculo entre o conceito de sinal proposicional e o conceito de proposição elementar – pois uma tabela de verdade também é um sinal proposicional[88] –, vemos que um sinal proposicional pode ter palavras como elementos (*T* 3.14), e, em sua essência, ele deve ser concebido como composto não de sinais escritos, mas de objetos espaciais, como mesas, cadeiras, livros etc. (*T* 3.1431). De acordo com Wittgenstein, a "forma habitual de expressão escrita ou impressa" ... "vela" que o sinal proposicional seja um "fato" (*T* 3.143), isto é, que ele seja *logicamente articulado*, consistindo em que "seus elementos, as palavras, nele estão, uns para os outros, de uma determinada maneira" (*T* 3.14). É assim que o caráter articulado do sinal proposicional reflete o caráter essencialmente articulado da proposição (*T* 3.141), do pensamento e da figuração (*T* 2.14). Alguém poderia perguntar: e a projeção dos símbolos nos sinais? Não seria o pensamento ou a figuração o responsável por tal projeção? Não se trata de negar a ideia, mas de entender o que ela pode significar nos termos do *Tractatus*. Importa salientar que, em um sentido importante, a possibilidade da projeção repousa sobre a existência dos sinais simples e dos objetos a eles vinculados.

Embora o conceito de "projeção" não seja muito empregado no *Tractatus* – aparecendo literalmente apenas nos aforismos 3.11, 3.12

---

[88] De acordo com L. H. L. Santos, a tabela de verdade é um sinal proposicional "logicamente privilegiado" no *Tractatus* porque dispõe espacialmente a estrutura interna de uma possibilidade molecular, sem requerer nada mais que a indicação do modo pelo qual as condições de verdade da proposição se definem em termos das condições de verdade das proposições elementares ("A essência da proposição...", op. cit., p.81-2).

e 4.0141 –, em duas das três ocorrências ele aparece vinculado ao conceito de sinal proposicional. Aliás, é no momento em que o sinal proposicional é definido que o conceito de projeção aparece pela primeira vez:

> Utilizamos o sinal sensível e perceptível (sinal escrito ou sonoro etc.) da proposição como projeção da situação possível.
> O método de projeção é pensar o sentido da proposição. (*T* 3.11)
> O sinal por meio do que exprimimos o pensamento, chamo de sinal proposicional. E a proposição é o sinal proposicional em sua relação projetiva com o mundo. (*T* 3.12)

Como já dito, o número de aforismos sobre o conceito de pensamento é menor que o número de aforismos sobre os conceitos de figuração e de sinal proposicional, e a razão disso reside em que o conceito de pensamento depende inteiramente dos anteriores. Wittgenstein fornece três definições para "pensamento": o pensamento é "a figuração lógica dos fatos" (*T* 3); o pensamento é "a proposição com sentido" (*T* 4); e o pensamento é "o sinal proposicional empregado, pensado" (*T* 3.5). Por essas definições, nota-se que o conceito de pensamento é, de um lado, vinculado ao de figuração lógica, e, de outro, ao de sinal proposicional. Destacando-se a terceira definição, pode-se dizer que não há pensamento sem um sinal proposicional *empregado, utilizado*, como projeção de uma situação possível. É pela terceira definição, isto é, pela ligação intrínseca do conceito de pensamento ao de sinal proposicional, que se confirma a importância do sinal proposicional no sistema: no prefácio ao *Tractatus*, Wittgenstein anuncia que pretende traçar o limite "não para o pensar, mas para a expressão dos pensamentos", isto é, "na linguagem". Se a "projeção" não pode ser desvinculada da "expressão" possível dos pensamentos na linguagem, ela também não pode ser desvinculada da utilização de um sinal. É claro que, do ponto de vista do *Tractatus*, o sinal proposicional é tão somente a exteriorização sensivelmente perceptível de um pensamento ou figuração, cuja correção lógica se encontra garantida pelas relações internas que se mostram em uma intuição *sub specie aeterni*. Mas não se pode desconsiderar que é pelo sinal proposicional que se apreende e se expressa um pensamento. Isso nos leva a afirmar que, se o limite do pensamento é dado pela substância do mundo, esse limite só pode ser traçado na expressão do pensamento, que depende do sinal proposicional. O fato de Wittgenstein não ter explicitado a relação entre sinal e símbolo não nos autoriza a pensar que a mente, independentemente da capacidade de expressão por meio de sinais, tenha sido por ele concebida como a fonte das significações. E isso se deve à visão de que as estruturas entre linguagem, pensamento e mundo encontram-se tão internamente relacionadas em seu sistema que é praticamente impossível separá-las e apontar uma delas como fonte. Assim, é importante perceber que a ordem expositiva dos conceitos no *Tractatus*, já referida, não reflete nem implica as noções de fonte ou percurso da intencionalidade.

Ora, se a análise última no *Tractatus* pára nas proposições elementares, é na relação de nomeação que começa a terapia das *Investigações*. Todavia, entre os "graves erros" do *Tractatus* a que Wittgenstein se refere no "Prefácio", não poderia ser incluída a visão de uma psicologia do uso das palavras. Pois, se há sentido em dizer que, do ponto de vista do *Tractatus*, a relação entre uma palavra e uma coisa depende da vontade, esta teria de ser uma vontade vinculada ao que chamaríamos de "ética do uso" da linguagem, que, a meu ver, está expressa no aforismo 7. Se aceitamos que "o que não pode ser dito deve-se *calar*" é o mesmo que "o que não pode ser dito deve-se *mostrar*", entendemos que devo usar a linguagem de um modo tal que nela *se mostre* o meu pensamento. A apercepção linguística garante, no coração do solipsismo transcendental do *Tractatus*, a perspectiva da intersubjetividade. Por isso, a ideia de que uma descrição do uso da linguagem pudesse coincidir com a descrição de um fato mental é totalmente incabível. Do ponto de vista da apercepção linguística, é a ética do *dizer* e do *mostrar* – e não a psicologia – que governa o uso da linguagem. Isso não significa, é claro, que não exista uma vontade psicológica atuando no uso da linguagem, mas que toda a psicologia envolvida deva estar, a princípio, garantida pela ética do uso. Desse estrito ponto de vista, o aforismo 7 do *Tractatus* pode, pois, ser considerado uma proposição normativa.

Interpretações como a de Hacker favorecem a visão de que o *Tractatus* está na mira das críticas que Wittgenstein, em seus últimos escritos, dirige ao mentalismo. António Zilhão, por exemplo, segue essa mesma linha de interpretação.[89] Para ele, há "duas linguagens paralelas" no *Tractatus*: a do "pensamento", que se relaciona diretamente com o mundo e à qual chama de "linguagem imagética"; e a da "oralidade e da escrita", que se relaciona apenas mediatamente com o mundo por meio das imagens do pensamento.[90] Com base nisso, Zilhão afirma que, ao rejeitar "todo o recurso a processos interiores como forma de resolução dos problemas filosóficos", o segundo Wittgenstein refuta "a solução adotada" no *Tractatus* para o problema da denotação – solução essa que "cai no logro de tomar uma mera

---

[89] ZILHÃO, A. *Linguagem da filosofia e filosofia da linguagem*. Lisboa: Edições Colibri, 1993. Cap. IV, seção 9, p.122-4.

[90] Para Zilhão, "tal como sucede com Russell, que, em 1919, distingue pensamento e linguagem como duas entidades distintas, produtoras de dois tipos diversos de proposições, as proposições imagéticas (*image-propositions*), que têm sua origem no pensamento, e as proposições expressas por palavras (*word-propositions*), que têm a sua origem na linguagem, e cuja denotação é fornecida pelo primeiro tipo de proposições, também o Wittgenstein de L.-P. A distingue entre o pensamento (*Gedanke*), que constitui a imagem lógica dos fatos, e a proposição (*Satz*), que exprime o pensamento de forma sensorialmente perceptível" (*Linguagem da filosofia e filosofia da linguagem*, op. cit., p.122).

resolução *psicológica*" por uma "resolução lógica".[91] Pelas razões que se seguem, tentarei argumentar contra esse diagnóstico de autocrítica de Wittgenstein.

Em primeiro lugar, é necessário distinguir dois alvos das críticas que Wittgenstein opera nas *Investigações*: um deles são as teorias referenciais do significado que têm fundações ontológicas; o outro, as investigações gramaticais concebidas como investigações sobre fatos ou processos mentais. À luz dessa distinção, creio ser possível mostrar, contra o que pensam Hacker e Zilhão, que só o primeiro alvo inclui o *Tractatus*, como representante da concepção referencial do significado com implicações ontológicas. Mas o abandono do solipsismo transcendental do *Tractatus* não pode, a meu ver, ser interpretado como rejeição de uma postura mentalista ou introspeccionista da análise da linguagem, *como se* o solipsismo conduzisse inevitavelmente a ela.

Nas *Investigações*, Wittgenstein claramente rejeita o ideal de "análise última" da linguagem, entendida como

> *uma* forma de expressão totalmente decomposta. Isto é: como se nossas formas de expressões habituais fossem essencialmente ainda não analisadas, como se nelas estivesse algo oculto que se devesse trazer à luz. (*PU*, § 91)

Contrariamente ao que pensava na época do *Tractatus*, Wittgenstein abandona a ideia de que, por meio de uma análise que decomponha a proposição, seja possível tornar perspícua a forma lógica do fato que ela representa. Esse "algo oculto" seria, portanto, a própria forma essencial do mundo que a análise teria o poder de evidenciar. Pode-se dizer que esse trecho das *Investigações* incide sobre

---

[91] ZILHÃO, A. *Linguagem da filosofia e filosofia da linguagem*, op. cit., p.123.

as seguintes concepções do *Tractatus*: (1) a de que há uma isomorfia essencial entre linguagem, pensamento e mundo; (2) a de que há *uma*, e apenas uma, análise completa da proposição; e (3) a de que a análise completa deve "trazer à luz" essa forma lógica essencial. Assim, o que o último Wittgenstein rejeita do primeiro sistema não é o caráter mental ou psicológico da essência oculta, mas a própria noção de que exista uma essência oculta. É o caráter ontológico, não o psicológico, que está em jogo, uma vez que o que estaria oculto na mente, no *Tractatus*, seria *primordialmente* o que está oculto nas coisas. Nos *Notebooks*, ele escreve:

> Por trás de nossos pensamentos, verdadeiros e falsos, há sempre e sempre um fundo escuro que só mais tarde podemos trazer à luz e expressar como pensamento. (*NB*, p.36, 8 dez. 1914)

O interessante nesse "oculto" ou "fundo escuro" é que ele não é ininteligível nem irracional – e essa é a razão pela qual pode ser trazido à luz e expresso como pensamento, isto é, pode ser *mostrado* nas proposições elementares. O que está oculto é tão psicológico quanto ontológico, de modo que toda a psicologia do *Tractatus* seria reduzida a uma ontologia da natureza, que é matéria da ciência natural. Desse modo, a engenharia dos significados é tão pouco restrita à mente quanto o é o domínio dos objetos e dos fatos descritos pelas proposições da ciência natural. Assim, a ideia de que a essência esteja oculta não pode ser confundida com a sugestão de uma investigação de conteúdos mentais.

A essência do mundo pode estar oculta no uso da linguagem, mas – e isso é digno de nota – esse aspecto não impede, de modo algum, o entendimento da linguagem corrente, pois há "acordos tácitos" sobre o que está oculto, bem como sobre tudo o que se pode mostrar na análise. A isso se liga também o fato de que, embora desvele o que estava oculto, nem por isso pode a análise acrescentar algo a um sentido previamente entendido. Pois o entendimento das proposições da linguagem corrente não depende da descoberta desse oculto. A análise última das proposições não tem nenhuma serventia para efeitos práticos relativos ao entendimento e à comunicação dos pensamentos. A proposição completamente analisada, lembra Santos, não está "mais apta" que a proposição da linguagem comum para exprimir o sentido que exprime.[92] Em outras palavras, analisada completamente ou não, toda proposição da linguagem comum está apta a expressar o seu sentido. Vale lembrar a seguinte passagem dos *Notebooks*:

> Uma proposição como "esta cadeira é marrom" parece dizer algo enormemente complicado, pois, se quiséssemos expressar essa proposição de um modo tal que ninguém pudesse levantar objeções a ela em razão de sua ambiguidade, isso teria de ser infinitamente longo. (*NB*, p.5, 19 set. 1914)

O que essa proposição diz de "enormemente complicado" é perfeitamente captado pelos "enormemente complicados" acordos tácitos que permitem o entendimento da nossa linguagem. Desse prisma, parece que o próprio Wittgenstein admitia que a análise última não pode fazer *mais* que a proposição não analisada faz. Alguém poderia afirmar: mas o que dizer do fato de as regras estarem ocultas? Ao que se poderia replicar: tanto faz que estejam ocultas, o que importa é que existem "acordos tácitos" sobre elas.

Entretanto se, do ponto de vista empírico do uso da linguagem, é procedente falar de um "fundo oculto", do ponto de vista transcendental, nada está oculto: a essência do mundo *mostra-se* ao olhar da intuição *sub specie aeterni*. Graças a esse ponto de vista transcendental, o oculto, em vez de se tornar o oculto *entre* os usuários, é pre-

---

[92] SANTOS, L. H. L. "A essência da proposição...", op. cit., p.74.

cisamente aquilo que possibilita o entendimento da linguagem por eles! Quando se leva em conta a perspectiva transcendental, vê-se que, em vez de impedir os acordos tácitos, o que está oculto é o que permite sua existência. Assim, o oculto deixa de ser problema para ser a própria solução no sistema do *Tractatus*.

A esterilidade teórica do mentalismo nada tem a ver com esse oculto que pode ser descoberto pela análise. O problema é que, quando todo o arcabouço conceitual do solipsismo transcendental cai por terra – o sujeito metafísico, a substância do mundo, as relações internas contempláveis pela intuição *sub speci aeterni*, a apercepção linguística etc. –, o oculto que se mostrava tende a tornar-se o oculto meramente psicológico. Assim, sem as garantias transcendentais da metafísica do *Tractatus*, o último Wittgenstein tentará, seriamente e pela primeira vez em suas investigações filosóficas, forjar um novo conceito de "experiência normativa".

O campo minado da teoria do conhecimento no *Tractatus* deve-se ao fato de a obra não apresentar uma extensão de terreno teórico no qual se possam explorar, no sentido de esclarecer, as operações práticas do conhecimento do mundo pela linguagem. Entrar no âmbito dessas considerações sempre implicará, queiramos ou não, trazer a campo os pressupostos metafísicos da obra, e nada mais. A consideração do transcendental *sub specie aeterni* será corrigida pelos escritos posteriores de Wittgenstein. Mas não podemos esquecer que, sem o correto entendimento de suas posições juvenis, não podemos ter clareza do que vem depois. Afinal, quanto à sua primeira obra, Wittgenstein está longe de dizer "esqueçam o que eu escrevi", já que ele mesmo teria pensado em reeditar, com as *Investigações filosóficas*, o *Tractatus*, por considerá-lo um irremediável pano de fundo às últimas elaborações.

Conclusão

O ponto de partida deste estudo é mostrar que a separação entre a lógica e sua aplicação constitui um grande problema na interpretação do *Tractatus*: de um lado, a forma lógica geral da proposição não serve de "fio condutor" para a aplicação da lógica; de outro, o que vem com a aplicação da lógica – as formas lógicas das proposições elementares – não pode ser antecipado. Ao identificar a noção de *substância do mundo* com o pré-figurativo, isto é, com a outra face da figuração, vimos que a antecipação das formas lógicas das proposições elementares, mais que logicamente desnecessária, é de fato impossível, uma vez que as proposições elementares só podem ser dadas nas figurações que já pressupõem, como dada, a substância do mundo. Que a lógica não possa antecipar sua aplicação significa que ela não pode determinar nem as figurações nem o pré-figurativo. A raiz da dificuldade em entender a relação entre a lógica e sua aplicação vem do fato de a substância do mundo, na qualidade de pré-figurativo, não poder ser considerada nem um *a priori* nem um *a posteriori*, nos sentidos clássicos desses termos.

Embora uma sintaxe elementar não seja antecipável, vimos que os conceitos formais que abrem o *Tractatus logico-philosophicus*, e apresentam sua ontologia, cumprem a função de iluminar as exigências metafísicas de uma sintaxe lógica que só terá lugar quando da aplicação da lógica. Na qualidade de proposições filosóficas sem nenhum conteúdo cognitivo, os *conceitos formais* elucidam necessidades lógicas, sem, contudo, nada determinar acerca das regras ou das formas de composição das proposições que representam o mundo diretamente. Pode-se dizer que o emprego dos conceitos formais acarreta uma dupla consequência para o sistema filosófico do *Tractatus*: (1) os conceitos formais não determinam estruturas particulares de proposições ou estados de coisas possíveis; e (2) permitem que *tudo* se submeta ao fato da figuração. Comportando a virtude do silêncio teórico, os conceitos formais legitimam, de maneira absoluta, o *valor de uso* dos sinais e, por conseguinte, sua invenção não se combina com uma concepção dogmática da gramática elementar da linguagem dos fatos. Vimos que, por meio dos conceitos formais, a autonomia da lógica combina-se perfeitamente com a ideia de uma autonomia da gramática elementar. Ao entender que a forma lógica das proposições elementares não pode ser antecipada, Wittgenstein revela seu antidogmatismo na concepção da lógica elementar do discurso factual. Por essa via, as formas essenciais que a ontologia apresenta dão lugar – por incrível que pareça – a um essencialismo não dogmático.

Nas *Investigações*, o filósofo critica o uso dos conceitos formais, considerando que seu emprego atribuiria à linguagem um estado "de férias". Entretanto, no âmbito do *Tractatus*, o caráter não teórico, não normativo da lógica é garantido justamente pelo fato de esses conceitos não dizerem nada de substancial ou positivo sobre o mundo. Valer-se de um discurso todo construído por meio de conceitos formais, isto é, da linguagem em estado "de férias", é a condição que confere autonomia à gramática da linguagem ordinária. É porque os constituintes das proposições que expressam conceitos formais não funcionam como "antenas" (*T* 2.1515), que os constituintes de todas as proposições significativas podem assim funcionar. Os conceitos formais da ontologia permitem que a aplicação da lógica se dê apenas quando a linguagem está, por assim dizer, "na ativa", em pleno "dia útil".[1]

Em busca das raízes schopenhauerianas do *solipsismo transcendental* do *Tractatus*, verificamos que o conceito de substância do mundo está internamente vinculado ao conceito de uma contemplação do mundo em seu "quê" (*Was*), uma "experiência" que não é experiência, e o qual aparece no fim do livro de Wittgenstein como uma intuição *sub specie aeterni*. À luz de alguns fragmentos de Schopenhauer, extraídos d'*O mundo como vontade e representação*, encontramos a origem de dois aspectos cruciais da filosofia do *Tractatus*: a distinção entre o "como" (*Wie*) e o "quê" (*Was*) do mundo e a relação interna do mundo com o sujeito metafísico. Esta última, no entanto, não se revela como uma ascese, mas como uma relação de imanência, uma identificação que implica, na dimensão da ética, tanto a felicidade quanto a infelicidade – e, poderíamos dizer, na dimensão da estética, a contemplação tanto do belo quanto do feio. Por esse motivo, a independência da vontade ética em relação ao mundo seria indício não de uma simples indiferença, mas sim do vínculo valorativo do *eu* com o *mundo*, que se forma no sentimento vertido ao mundo tal como ele está.

Pelo estudo dos conceitos de *sujeito metafísico* e *realidade empírica*, vimos que o *Tractatus*, em perfeita sintonia com Frege, nos deixa órfãos do conceito de *subjetividade* – determinante e constitutiva do mundo – que animou o nucleo da filosofia de Descartes a Husserl. A razão de Wittgenstein recusar a noção de uma subjetividade que, primeiro, constitui formalmente o mundo e, *depois*, a linguagem que o representa, está em que seu projeto é firmar a lógica da linguagem

---

[1] Nas *Investigações*, Wittgenstein não emprega a expressão "conceitos formais" e sim "superconceitos". Cf. *Philosophische Untersuchungen*, § 97.

como o ponto de vista transcendental da racionalidade humana. Na face lógica, como na face ética do solipsismo, a subjetividade é algo impotente. Quando o mundo é meu, não o governo; quando a linguagem é minha, o mundo que ela representa não obedece à minha legislação. Na face ética, só altero os limites do mundo pelo sentimento; na face lógica, só altero os limites do mundo pela totalidade dos objetos que consigo intuir, mas, ao intuí-los, todas as suas possibilidades de combinação já estão dadas. Não há *thelos* no espaço lógico, todas as possibilidades estão em posição de igualdade. Então, nada, exceto o acaso que segue uma vontade alheia, poderia fornecer a razão por que o mundo é como é ou está como está. O *Was* torna o *Wie* possível, mas não determina a realização ou a atualização das possibilidades inscritas no *Wie*. Não há uma relação de causa e efeito entre o *Was* e o *Wie*. As propriedades internas das coisas e as relações internas entre elas e os estados de coisas de que podem fazer parte constituem *razão suficiente* para que as proposições que representam os estados de coisas sejam logicamente possíveis. Contudo, não há razão nenhuma – a razão humana é, nesse sentido, sempre insuficiente – que explique por que alguns desses possíveis chegam à existência e outros não.

Pelo fato de o *Tractatus* não subscrever um conceito de experiência tributário da clássica noção de consciência operando como instância fundadora da legalidade no conhecimento, uma *teoria do conhecimento* compatível com seu projeto não teria como paradigma uma *teoria do juízo*, nem como a proposta por Russell, que se baseia nas relações de *acquaintance* e no dogma das relações externas, nem como a sugerida por Kant, que se assenta no conceito de síntese. Do ponto de vista adotado por este estudo, fica claro que a primeira obra de Wittgenstein não poderia subscrever a formulação, de raiz lógico--empirista, dos problemas epistemológicos enfrentados por alguns membros do Círculo de Viena. Dado seu estilo antimetafísico, esses filósofos estariam mais próximos de Russell que, contrariamente a

Wittgenstein, tentou desenvolver uma teoria do conhecimento que combinasse os preceitos da nova lógica com uma estrutura da sintaxe elementar reconhecidamente herdada da lógica de Port-Royal. Com a doutrina das relações internas entre nome e objeto, figuração e fato, sujeito e mundo, o *Tractatus* mina o campo em que poderia prosperar uma teoria do conhecimento de feição moderna. E isso acontece por obra dos conceitos formais.

Como vimos, os conceitos formais buscam validar as condições formais de toda enunciação significativa, e podem ser caracterizados como um discurso transcendental acerca das condições de possibilidade e dos limites de tudo o que pode ser descrito por uma linguagem talhada aos fatos. Note-se que, embora classifiquem-se como *a priori*, os conceitos formais não são receptivos à qualificação de sintéticos, se com esse termo entendermos que veiculam algum tipo de conhecimento, informação ou novidade sobre o funcionamento da nossa racionalidade, sobretudo quando representamos direta e imediatamente a realidade dos fatos. Assim é que as condições formais de que tratam esses conceitos nada ensinam da estrutura elementar do mundo. O que pode ensinar do mundo saber que a fórmula geral da proposição é "as coisas estão assim e assim"? Se, para fazer filosofia, é preciso derivar uma metafísica da lógica, então, fazer filosofia implica fazer metafísica e expressar-se somente por meio de conceitos formais. Ora, como esses conceitos buscam expressar as condições de possibilidade de toda enunciação significativa, eles mesmos não podem ter sentido algum: não podem se submeter às condições que eles próprios enunciam. Os conceitos formais são, por essa razão, absurdos (*Unsinn*) que tentam dizer aquilo que só pode ser *mostrado* no entendimento das proposições factuais. Radicalizando sua recusa à tradição que toma a filosofia como disciplina cognitiva, Wittgenstein considera que o tipo de conhecimento e de verdade a ela associados teriam de ser absolutos: a rigor, não é possível dizer que a filosofia expressa um conhecimento nem quando qualificado de transcendental. Ele mesmo admitiu, no "Prefácio" ao *Tractatus*, que a *verdade* dos pensamentos ali comunicados lhe parecia "intocável e definitiva". Uma verdade absoluta, no entanto, não tem lugar na lógica de um discurso que, estruturado como contingente, só é aplicável a campos de conhecimento nos quais o que se revela como verdadeiro também poderia revelar-se como falso, e vice-versa. Entretanto, a verdade da filosofia e da metafísica está aquém ou além da contingência; e, por isso, nunca ao lado das verdades empíricas da ciência e do discurso factual da linguagem corrente.

Para atender às condições formais de todo discurso significativo da linguagem dos fatos, os conceitos formais do *Tractatus* não podem, eles próprios, nada significar. E Wittgenstein assume o vazio semântico de seus conceitos formais, sua "linguagem de férias", no *Tractatus*. A filosofia só pode produzir um discurso que não "trabalha" na produção de figurações do mundo, para que todas as figurações do mundo se encontrem, por meio dela, justificadas. Mas, embora não contenham nenhuma substância do mundo, os conceitos formais percorrem toda substância possível do mundo, qualquer que seja, tenha sido ou venha a ser. Portanto, os conceitos formais têm de ser vazios e, ao mesmo tempo, dotados de uma correção absoluta – o que é, reconheçamos, perfeitamente paradoxal. Pois bem, a *metafísica* que se apresenta no *Tractatus* comporta a exigência que obriga o leitor a preencher o vazio dos conceitos formais com a substância de seu próprio mundo e a reconhecer-se como portador de valores éticos e estéticos absolutos. A função da metafísica é tornar a sintaxe da linguagem imanente à substância do mundo e a substância do mundo imanente à sintaxe da linguagem. O discurso metafísico não estabelece, pois, teses, que poderiam ser confrontadas com outras ou que estariam ao lado de outras. É essa paradoxal vocação metafísica da filosofia que se encontra na origem da tensão instaurada pelo reconhecimento, da parte de Wittgenstein, da falta de sentido de suas próprias proposições e, simultaneamente, de seu mais alto valor.

CONCLUSÃO

Seria o primeiro Wittgenstein um filósofo dogmático? Creio ser possível dizer que ele pratica uma *metafísica não dogmática*, no mesmo sentido em que tentei mostrar que os conceitos formais são metafísicos e não dogmáticos. E, a meu ver, as credenciais das proposições que enunciam os conceitos formais se resumem a uma só: se elas têm algum valor, levarão o leitor a reconhecer os traços formais e as relações internas de que fala o *Tractatus* como os traços formais e as relações internas de seu próprio discurso sobre o mundo dos fatos. Não se diminui, com isso, o estatuto sempre altamente problemático do *logos philosophicus*, porque ele tem de reunir em si o aspecto do absurdo (*Unsinn*) e o aspecto do mais absolutamente verdadeiro. Estaria, para sempre, o *logos philosophicus* condenado à "doença dogmática"?[2] Tendo em vista o *Tractatus*, eu responderia que não, uma vez que não vejo seu discurso como dogmático, mas tão somente como um discurso infeliz. É um discurso que deseja falar de todos os objetos sem poder falar de nenhum, de todos os estados de coisas sem poder falar de nenhum, de todos os mundos sem poder falar de nenhum, de todos os sujeitos sem poder falar de nenhum. O paradoxal, no entanto, é que não parece haver outra saída para quem objetiva combinar necessidade e universalidade à experiência de uso da linguagem. Do ponto de vista do *Tractatus*, a experiência do uso da linguagem é uma experiência indizível. E ela repousa em uma "experiência" que não é experiência, igualmente indizível. Entender isso equivale a "escalar" as proposições sem sentido do *Tractatus* de um modo tal que, *por meio* delas, se alcance o *para além* delas: a linguagem que representa o mundo de cada um de nós. Por fim, se depois dessa escalada o leitor não vir nem sua linguagem nem seu mundo refletidos no *Tractatus*, uma esperança ainda o aguarda nas *Investigações filosóficas*.

---

[2] Tomo de empréstimo aqui as expressões que Osvaldo Porchat usou em sua bela conferência "O cético que eu queria", proferida no XI Encontro Nacional do Ceticismo, realizado na UFBA, em Salvador, em setembro de 2005.

Bibliografia

ALLISON, Henry. *Kant's Transcendental Idealism: an Interpretation and Defense*, Yale University Press, New Haven and London, 1983.

ALTMANN, Sílvia "A lógica e sua aplicação: a antecipação das formas das proposições elementares no *Tractatus* de Wittgenstein". In: *Analytica*, v.4, n.1, Rio de Janeiro: UFRJ, 1999.

ANSCOMBE, *An Introduction to Wittgenstein's Tractatus*. London, Hutchinson & CO., 1963 [1959].

ARISTÓTELES, *Categorias*. (Trad. bras. Lucas Angioni). In: *Ontologia e predicação em Aristóteles*. IFCH/Unicamp: Col. Textos Didáticos, n.41, fev. 2000.

ARNAULD, A.; NICOLE, P. *La logique ou l'art de penser*. Paris: PUF, 1965. [1662].

AUDI, Paul. *Superiorité de L'Étique: de Schopenhauer à Wittgenstein*. Paris: PUF, 1999.

BLACK, Max. *A Companion to Wittgenstein's "Tractatus"*. New York: Cornell University Press, 1992.

BOUVERESSE, J. *La rime et la raison*. Paris: Minuit, 1973.

CACCIOLA, Maria Lúcia M. *Schopenhauer e a questão do dogmatismo*, São Paulo: Editora da Universidade de São Paulo, 1994.

_____. "O intuitivo e o abstrato na filosofia de Schopenhauer". In: *Schopenhauer e o idealismo alemão*. Salvador: Quarteto, 2004.

CUTER, João Vergílio. "'p'diz p". In: *Cadernos Wittgenstein*, n.1, 2000, Depto. de Filosofia da USP.

EAMES, E. *Introduction to Theory of Knowledge:* The 1913 Manuscript's Russell. London: Routledge, 1992.

ENGEL, S. Morris. "Schopenhauer's Impact on Wittgenstein". *Journal of the History of Philosophy* 7 (July, 1969), p.285-302.

ESPINOSA, B. *Ética*. (Trad. bras. Joaquim de Carvalho, Joaquim Ferreira Gomes e Antônio Simões). In: *Espinosa*. São Paulo: Ed. Abril. (Col. Os Pensadores), 1980.

FAUSTINO, Sílvia. *Wittgenstein:* o eu e sua gramática. São Paulo: Ática, 1985.

_____. "A crítica de Wittgenstein à teoria do juízo de Russell". In: *Ontologia, conhecimento e linguagem:* Um encontro de filósofos latino-americanos. Rio de Janeiro: Mauad, 2001, p.267-74.

FREGE, G. "Der Gedanke – eine Logische Untersuchung". In: *Beiträge zur Philosophie des deutschen Idealismus*, caderno 2, v.1, p.58-77, 1918-9. (Trad. bras. Cláudio Ferreira Costa). In: *Cadernos de História e Filosofia da Ciência*, série 3, v.8, n.1, jan.-jun. 1998, p.177-208.

_____. *Philosophical and Mathematical Correspondence*. G. Gabriel H. Hermes et al. (Eds.). B. McGuinness (Org.), trad.: H. Kaal, Oxford, Basil Blackwell, 1980.

_____. *Poshumous Writings*. Ed. H. Hermes; F. Kambartel; F. Kaulbach. (Trad. P. Long; R. White). Oxford: Basil Blackwell, 1979.

GÊNOVA, Judith. *Wittgenstein:* a way of seeing. New York/London: Routledge, 1995.

GIANNOTTI, José A. *Apresentação do mundo* – Considerações sobre o pensamento de Ludwig Wittgenstein. São Paulo: Companhia das Letras, 1995.

GLOCK, Hans-Johann. "Schopenhauer and Wittgenstein: Language as Representation and Will" in *The Cambridge Companion to Schopenhauer*, Christopher Janaway (Ed.). Cambridge: Cambridge University Press, 1999, p.447.

GRIFFITHS, A. Phillips. "Wittgenstein and the Four-Fold Root of the Principle of Sufficient Reason" in *Aristotelian Society*, v.50, p.1-20.

GUYER, Paul. "Schopenhauer, Kant, and the Methods of Philosophy". In: *The Cambridge Companion to Schopenhauer*. Christopher Janaway (Ed.). Cambridge: Cambridge University Press, 1999.

HACKER, P. M. S. *Insight and Illusion* (revised and corrected 1989 edition). Bristol: Thoemes Press, 1997.

HUME, D. *Uma investigação sobre o entendimento humano*. (Trad. bras. de José Oscar de Almeida Marques). São Paulo: Editora Unesp, 1998.

JANIK, Alan. "Schopenhauer and the Early Wittgenstein". In: *Philosophical Studies* (Ireland) v.XV, 1996.

KANT, E. *Kritik der reinen Vernunft*. Hamburg. Felix Meiner Verlag, 1998. (Trad. port. Manuela Pinto dos Santos e Alexandre Fradique Morujão). Lisboa: Fundação Calouste Gulbenkian, 3ª ed., 1994.

LONGUENESSE, Beatrice. *Kant et le pouvoir de juger: sensibilité et discursivité dans l'Analytique transcendental de la Critique de la raison purê*. Paris: PUF, 1993.

MARQUES, Edgar. "Consequências Ontológicas do Argumento Tractariano Contra a Possibilidade de um Discurso Categorial". In: *Analytica*. Rio de Janeiro, UFRJ, v.2, n.1, 1997, p.205-41.

MARGUTTI PINTO, P. R. *Iniciação ao silêncio:* análise do *Tractatus* de Wittgenstein. São Paulo: Loyola, 1998.

MOORE, G. E. "External and Internal Relations". In: *Philosophical Studies*, Littlefield, Adams & CO, Paterson. New Jersey: 1959, p.276-309 (1ªed. 1922).
_____. *Wittgenstein:* através das imagens. Campinas: Editora da Unicamp, 1993.
_____. *Wittgenstein:* os labirintos da linguagem. São Paulo: Moderna, 2000.
_____. "Wittgenstein: Fenomenologia e Problemas Fenomenológicos". In: *Manuscrito*, v. XVIII, n.2, Campinas: Unicamp, 1995, p.199-225.
PRADO JR., Bento. "A gramática da reflexão", *Folha de S. Paulo, Caderno Mais!*, 3 de julho de1995, p.10-1.
_____. *Erro, ilusão, loucura*. São Paulo: 34, 2004.
_____. *Fenomenologia em Wittgenstein:* tempo, cor e figuração. Rio de Janeiro: Editora UFRJ, 2003.
RUSSELL, Bertrand. *The Problems of Philosophy*. Oxford: Oxford University Press, 1997.
_____. *Theory of Knowledge: The 1913 Manuscript*. London: Routledge, 1992.
_____. *Philosophical Essays* (1910). London: George Allen & Unwin, 1966.
SALLES, João Carlos. *A gramática das cores em Wittgenstein*. Campinas: Unicamp, 2002 (Col. CLE).
_____. (Org.). *Schopenhauer e o idealismo alemão*. Salvador: Quarteto, 2004.
SANTOS, Luiz Henrique Lopes "A Essência da Proposição e a Essência do Mundo", ensaio introdutório à tradução do *Tractatus Logico-Philosophicus*. São Paulo: Edusp, 1993.
_____. "A harmonia essencial". In: *A crise da razão*. Adauto Novaes (Org.). São Paulo: Companhia das Letras, 1996, p.437-55.

SCHOPENHAUER, A. "Crítica da Filosofia Kantiana". (Trad. bras. Maria Lúcia Cacciola). In: *Schopenhauer*. São Paulo: Abril, 1980. (Col. Os Pensadores).

SCHOPENHAUER, A. *Die Welt als Wille und Vorstellung*, Frankfurt: Suhrkamp, 1986.

_____. *O mundo como vontade e como representação*. (Trad. bras. Jair Barboza). São Paulo: Editora UNESP, 2005.

_____. *Metafísica do belo*. (Trad., apres. e notas de Jair Barboza). São Paulo: Editora UNESP, 2005.

STENIUS, Erik. *Wittgenstein's Tractatus: A Critical Exposition of its Main Lines of Thought*, Oxford, 1964.

VUILLEMIN, Jules. *Leçons sur la première philosophie de Russell*. Paris: Librairie Armand Colin, 1968.

WHITEHEAD, A. N.; RUSSELL, B. *Principia Mathematica to *56 (2nd Ed.: 1927), Cambridge University Press, 1997. (1ª ed. 1910)

WINCH, Peter. *Trying to Make a Sense*. Oxford: Basil Blackwell, 1987.

WITTGENSTEIN, L. "Notes on Logic" (1913), *in Notebooks 1914-1916*, 2nd Edition, G. H. von Wright and G.E.M. Anscombe (Eds.). (Trad. ingl. G. M. Anscombe), Oxford: Basil Blackwell, 1979.

_____. "Some Remarks on Logical Form". In: *Philosophical Occasions 1912-1951*. Klagge, James C.; Nordmann, Alfred (Eds.). Cambridge, Hackett Publishing Company, 1993, p.29-35.

_____. *Notebooks 1914-16*, 2nd ed., Von Wright, G. H.; Anscombe, G. E. M. (Eds.). trad. ingl. G. M. Anscombe. Oxford: Basil Blackwell, 1979.

_____. *Philosophische Untersuchungen*. Frankfurt: Suhrkamp 1984.

_____. *Tractatus Logico-Philosophicus*. (Trad. bras. de Luiz Henrique Lopes dos Santos), São Paulo: Editora da Universidade de São Paulo, 1993.

_____. *The Blue and Brown Books*. Oxford: Basil Blackwell, 1958.

_____. *Letters to Russell, Keynes and Moore*. von Wright, G. H.; McGuinness, B. F. (Eds.). Oxford: Basil Blackwell, 1974.

_____. *Investigações filosóficas*. (Trad. bras. José Carlos Bruni). São Paulo: Abril Cultural, 1980 (Col. Os Pensadores).

ZILHÃO, António. *Linguagem da filosofia e filosofia da linguagem*. Lisboa: Edições Colibri, 1993.

SOBRE O LIVRO

Formato: 14 x 21 cm
Mancha: 23,7 x 42,6 paicas
Tipologia: Horley Old Style 10,5/15
Papel: Offset 75 g/m² (miolo)
Cartão Supremo 250 g/m² (capa)
1ª edição: 2006

EQUIPE DE REALIZAÇÃO

Edição de textos
Maria Teresa Galuzi (Copidesque)
Nair Kayo (Preparação de Original)
Regina Machado e Marcelo D. Brito Riqueti (Revisão)
Oitava Rima Prod. Editorial (Atualização Ortográfica)

Editoração Eletrônica
Oitava Rima Prod. Editorial (Diagramação)

Outros títulos da Editora Unesp

Wittgenstein
P. M. S. Hacker

A filosofia americana
Conversações com Quine, Davidson, Putman, Nozick, Danto,
Rorty, Cavell, MacIntyre e Kuhn
Giovanna Borradori

A última palavra
Thomas Nagel

Crença e resistência
A dinâmica da controvérsia intelectual contemporânea
Bárbara Herrnstein Smith

Escritos pré-críticos
Immanuel Kant

Filosofia, racionalidade, democraria
Os debates Rorty & Habermas
José Crisóstomo de Souza (Org.)

Karl Popper: filosofia e problemas
Anthony O'Hear (Org.)

Matando o tempo
Uma autobiografia
Paul K. Feyerabend

Matéria e consciência
Uma introdução contemporânea à filosofia da mente
Paul. M. Churchland

O irracional
Gilles Gaston Granger

Por que a linguagem interessa à filosofia?
Ian Hacking

Coleção Clássicos Unesp

Cartas escritas da montanha
Jean-Jacques Rousseau

Enciclopédia ou dicionário racionado das ciências
Denis Diderot e Jean Le Rond D'Alembert

História natural da religião
David Hume

Investigações sobre o entendimento humano
David Hume

O mundo como vontade e como representação
Arthur Schopenhauer

Tratado da natureza humana
David Hume

Verbetes políticos da Enciclopédia
Denis Diderot e Jean Le Rond D'Alembert

Próximo lançamento

Realidade e cognição
José Paulo Gomes Monteiro

Para nosso catálogo completo consulte www.editoraunesp.com.br

Impressão e acabamento